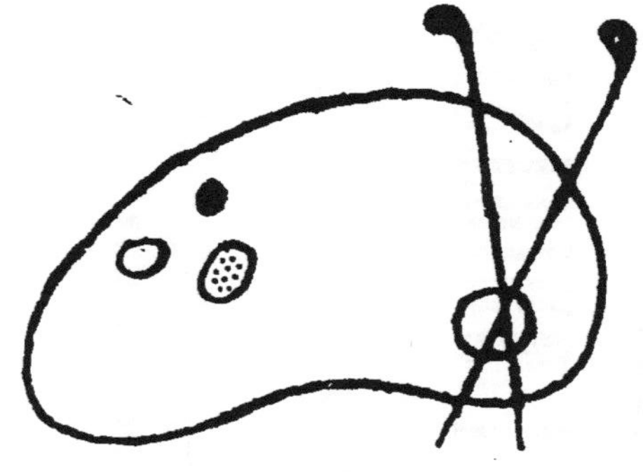

Début d'une série de documents
en couleur

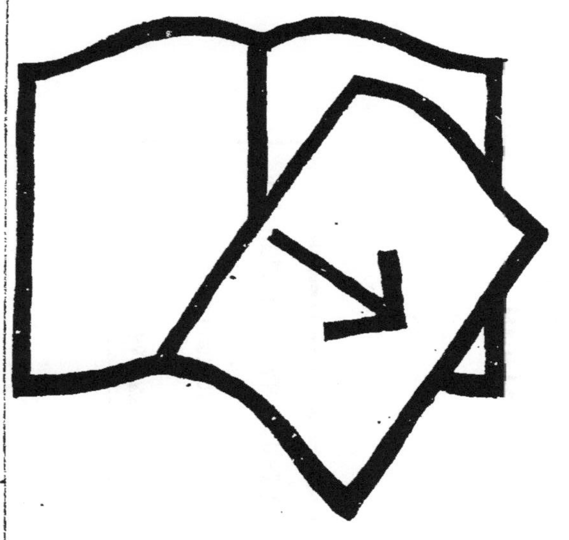

Couverture inférieure manquante

ANNALES DU MUSÉE GUIMET

REVUE
DE
L'HISTOIRE DES RELIGIONS

PUBLIÉE SOUS LA DIRECTION DE

MM. RENÉ DUSSAUD ET PAUL ALPHANDÉRY

AVEC LE CONCOURS DE

MM. E. AMÉLINEAU, A. BARTH, R. BASSET, A. BOUCHÉ-LECLERCQ, J.-B. CHABOT, E. CHAVANNES, E. DE FAYE, G. FOUCART, A. FOUCHER, COMTE GOBLET D'ALVIELLA, I. GOLDZIHER, H. HUBERT, L. LÉGER, ISRAEL LÉVI, SYLVAIN LÉVI, G. MASPERO, M. MAUSS, A. MEILLET, ED. MONTET, A. MORET, P. OLTRAMARE, F. PICAVET, C. PIEPENBRING, M. REVON, J. TOUTAIN, ETC.

R. BASSET

RECHERCHES

SUR

LA RELIGION DES BERBÈRES

PARIS
ERNEST LEROUX, ÉDITEUR
28, RUE BONAPARTE (VI°)

1910

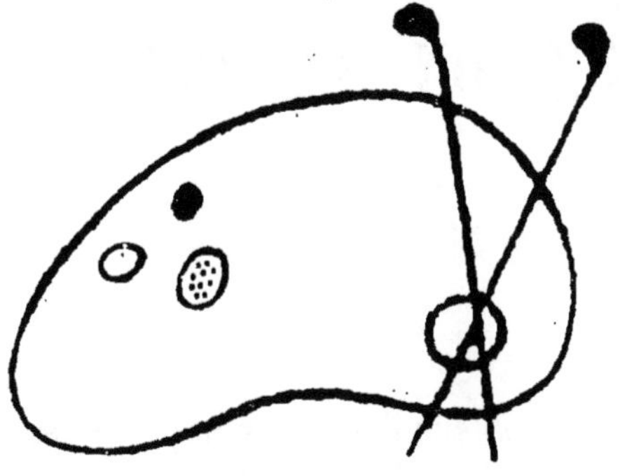

Fin d'une série de documents
en couleur

RECHERCHES SUR LA RELIGION DES BERBÈRES[1]

I

Quelle que soit l'opinion sur l'origine complexe des populations qui sous le nom général de Berbères ont occupé et occupent encore tout le nord de l'Afrique septentrionale, de la Méditerranée au Soudan et de l'Atlantique à l'Égypte, elles forment une unité linguistique et c'est en se plaçant à ce point de vue qu'on peut essayer de reconstituer leur religion dans le passé. Mais, dès l'abord, nous nous trouvons en présence d'une difficulté presque insoluble. Si l'unité était créée par la langue, il n'en a pas été de même de la religion, j'entends la religion païenne, et de plus l'incertitude où nous sommes encore en ce qui concerne le déchiffrement des inscriptions libyques, nous prive de leur secours et nous oblige à avoir recours aux maigres renseignements fournis par des étrangers qui n'ont pas toujours distingué ce qui était indigène ou ce qui était emprunté dans les croyances et les cérémonies dont ils nous ont transmis le souvenir.

Il semble que les accidents de terrains, montagnes, grottes, rochers, aient été regardés par les Berbères, sinon comme des divinités, du moins comme le siège d'un être divin. A ce titre, au moins dans l'Ouest, le mont Atlas[2], « la colonne du

1) La traduction anglaise de ce mémoire a paru dans l'*Encyclopaedia of Religion and Ethics* dirigée par M. James Hastings. t. II, p. 506-519.

2) La théorie de J. Wetten, sur l'origine phénicienne du nom d'Atlas ne me paraît pas acceptable (*Der Mythus vom Atlas*. Mayence, 1858, in-8, p. 1 et suiv.).

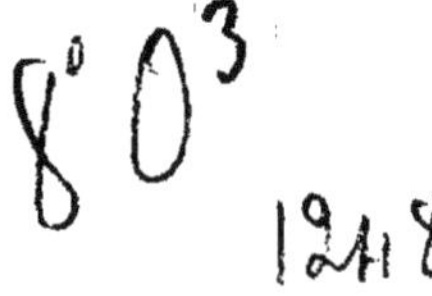

ciel » comme le nommaient déjà les gens du pays au temps d'Hérodote (*Histoires*, IV, 184) dut être l'objet de leur vénération. C'est ce qu'observe déjà Pline l'Ancien (*Histoire naturelle*, t. 1, ch. I, § 6).

« C'est au milieu des sables que s'élève vers les cieux le mont Atlas, âpre et nu, du côté de l'Océan auquel il a donné son nom; mais, plein d'ombrages, couvert de bois et arrosé de sources jaillissantes du côté qui regarde l'Afrique, fertile en fruits de toute espèce qui y croissent spontanément et peuvent rassasier tout désir. Pendant le jour, on ne voit aucun habitant; tout y garde un silence profond, semblable au silence redoutable des déserts. *Une crainte religieuse saisit les cœurs quand on s'en approche, surtout à l'aspect de ce sommet élevé au dessus des nuages et qui semble voisin du cercle lunaire* ». Ces renseignements sont confirmés par Maxime de Tyr (*Dissertations*, VIII, § 7). « Les Libyens occidentaux habitent une bande de terre étroite, allongée et entourée par la mer. A l'extrémité de cette langue de terre, l'Océan l'enveloppe de flots abondants et de courants. *C'est pour eux le sanctuaire et l'image d'Atlas*. Or l'Atlas est une montagne creuse, assez élevée, s'ouvrant du côté de la mer comme un théâtre du côté de l'air. L'espace qui s'étend au milieu de la montagne est une vallée étroite, fertile et couverte d'arbres sur lesquels on voit des fruits. Si on regarde du sommet, c'est comme si on regardait dans le fond d'un puits; il n'est pas possible d'y descendre à cause de la raideur de la pente; *du reste, ce n'est pas permis*. Ce qu'il y a d'admirable en cet endroit, c'est l'Océan qui, au moment du flux, couvre le rivage et se répand sur les champs; les flots s'élèvent vers l'Atlas et l'on voit l'eau se dresser contre lui comme un mur, sans couler vers la partie creuse ni toucher à la terre; mais entre la montagne et l'eau, il y a beaucoup d'air et un bois creux. *C'est pour les Libyens et un temple et un Dieu*, l'objet par lequel ils jurent et une statue ». Ces légendes sont encore reproduites par Martianus Capella (*De Nuptiis philologiæ*, l. VI, p. 229-230, éd. Eyssenhardt). L'Atlas dont il est question et dont Strabon (*Geographica*, l. XVII, ch. 3, § 2), Pline l'Ancien (*Histoire naturelle*, V, ch. 1, § 13) et Solin (*Polyhistor*, § 25) nous ont conservé le nom indigène. Dyris et Addiris (cf. dans le guanche de Ténérife, *Adar*, falaise, en touareg aouelimmiden *Adar*, montagne) est évidemment l'Atlas marocain. Mais la conception grecque et manichéenne d'Atlas soutenant le monde, se retrouverait-elle dans le nom que les Guanches de Ténérife donnaient à Dieu, d'après Galindo : *Atguaychafunataman*[1], « celui qui soutient les cieux »? Il aurait été appliqué naturellement au pic de Ténérife, mais cependant la mythologie guanche assignait un autre rôle à cette montagne. Faut-il supposer que le Bou'l Qornin actuel, l'ancien Balcaranensis qui domine Tunis et dont le nom se retrouve dans la divinité qu'on y adorait (Saturnus Balcaranensis) était primitivement vénéré par les Berbères avant que les Phéniciens y eussent installé leur Ba'al[2] auquel on superposa Saturne représenté quelquefois monté sur un lion (*Corpus inscriptionum latinarum*, VIII, 20437, 20448) ou accompagné de l'épithète de *Sobare(n)sis* à Henchir bou Bekr (*C. I. L.* VIII, 12390, 12392). Le Ba'al Qarnin, qui y était adoré par les Phéniciens et, sans doute à leur imitation, par les indigènes, était une divinité toute sémitique comme le Ba'al de l'Hermon ou le Ba'al du Liban[3] qui avait comme parèdre la Tanit Pené Ba'al dont on a retrouvé une mention dans une inscription punique de Bordj Djedid. Peut-être en fut-il de même du culte de Ba'al Hamân à Dougga[4]. Les dédicaces à Saturne sont du reste fréquentes dans les inscriptions latines d'Afrique et le nom.

1) Dans ce nom extraordinaire et évidemment altéré, on ne peut dégager, et encore approximativement, que le dernier élément *ataman*, avec une faute graphique pour *achaman*, ciel.

2) Cf. Toutain, *Le sanctuaire de Saturnus Balcaranensis au Djebel Bou Kornin*, *Mélanges de l'Ecole de Rome*, t. XII; id., *De Saturni Dei in Africa romana cultu*, Paris, 1894; Ferrière, *La situation religieuse de l'Afrique romaine depuis la fin du IVe siècle*, Paris, 1897, p. 80.

3) Cf. Lagrange, *Etude sur les religions sémitiques*, Paris, 1905, in-8.

4) Cf. Carton, *Le sanctuaire de Baal Saturne à Dougga*, Paris, 1897, in-8.

de Saturnius souvent mentionné. On peut citer à Aïn Zana (Diana) une dédicace *Deo frugum Saturnus frugifero Augustus* (*C. I. L.* VIII, 4581) et à Fontaine-Chaude une inscription *Deo Sancto frugifero* (*C. I. L.* VIII, 17720). Une inscription latine, trouvée à quelque distance d'Aumale, s'adresse au génie de la montagne Pastoria(nen)sis qui protège contre la violence du vent (*C. I. L.* VIII, 9180); à Chemtou en Tunisie, au Génie de la montagne (*C. I. L.* VIII, 14586). De nos jours encore, certaines montagnes excitent chez les Touaregs une crainte religieuse qu'ils ne peuvent surmonter; mais ce n'est plus l'aspect redoutable de la montagne qui leur inspire la terreur, ce sont les génies qui l'habitent. Cette croyance existait déjà du temps de Pline l'Ancien. Reproduisant un passage du *Périple* de Hannon, il place dans l'Atlas les Aegipans et les Satyres que le voyageur carthaginois signale bien plus au sud (*Périple*, § 14), ce qui est également reproduit par Solin (*Polyhistor*, § 25). Au XIIe siècle de notre ère, un écrivain anonyme arabe signale des choses semblables dans une montagne du Sahara, mais son récit porte manifestement l'empreinte des croyances musulmanes[1]; il s'agit de la montagne de Felfel, renfermant les traces de nombreuses villes abandonnées à cause des génies; pendant la nuit, on y voit leurs feux et l'on entend leurs sifflements et leurs chants. Chez les Touaregs Azgers, le massif de l'Iddinen, à 30 kilomètres au nord de Ghat, est l'objet d'une terreur superstitieuse et nul n'oserait y pénétrer. Barth qui l'explora faillit y mourir de soif, sans avoir trouvé, du reste, aucune des ruines qu'on y plaçait[2]. Chez les Ahaggar, il en est de même du mont Oudan, et le nom donné aux êtres mystérieux qui l'habitent, *alhinen* (de l'arabe *eldjinn*) montre bien qu'à une superstition berbère d'origine

1) A. de Kremer, *Description de l'Afrique*, Vienne, 1852, in-8, p. 69.

2) Barth, *Reisen und Entdeckungen in Nord- und Central Africa*, Gotha, 1856, 5 v. in-8, t. I, p. 228-236; Duveyrier, *Les Touaregs du Nord*, Paris, 1864, in-8, p. 416.

est venue se joindre une croyance arabe[1]. La Koudiat, au nord de Temanghaset et à l'Est de l'Ilaman, est également l'objet de craintes de ce genre[2]. Aux Canaries, le pic de Teyde, où était l'enfer (Echeyde) était habité par un démon du nom de Guayota ou Huayota; celui de Palma se nommait Irnene[3].

Le culte des rochers se joint naturellement à celui des montagnes. Pline l'Ancien (*Histoire naturelle*, l. II, ch. 7, § 44) et Pomponius Méla (*De situ orbis*, l. I ch. 8), nous mentionnent en Cyrénaïque un rocher consacré à l'Auster : « S'il est touché de la main des hommes, aussitôt, le vent s'élève violemment, agitant des sables comme des mers et sévit comme sur des flots ». Aux Canaries, près du cratère de la Caldera, à Palma, existait un rocher ayant la forme d'un obélisque et qu'on nommait Idafe. Pour éviter sa chute, les gens de la tribu de Tanansu qui était établie aux environs, lui offraient, en procession et avec des chants, les entrailles des animaux qu'ils mangeaient, et quelquefois des victimes entières étaient précipitées du haut des montagnes voisines[4]. Dans la Grande Canarie existaient deux rochers : l'un nommé Tismar, dans le district de Galdar, l'autre Vimenya, dans celui de Telde. Dans les temps de détresse, les habitants, accompagnés par des religieuses nommées *Magadas* (Viana, p. 22, les appelle *Harimaguadas*), faisaient des pèlerinages à ces deux rochers, tenant dans leurs mains des branches de palmiers et des vases remplis de lait et de beurre qu'ils ver-

1) Duveyrier, *ibid.*, p. 416-417; Benhazera, *Six mois chez les Touaregs* Alger, 1908, in-8, p. 60.

2) De Motylinski, *Voyage à Abalassa et à la Koudia*, *Bulletin du Comité de l'Afrique française*, octobre 1907, p. 257 et suiv.

3) Viana, *Antiguedades de las Islas Afortunadas*, Tubingen, 1883, in-8°, p. 24; Parker Webb et Sabin Berthelot, *Histoire naturelle des Canaries* t. I, part. 1, p. 173-174, Paris, 1842, in-8°; Verneau, *Cinq ans de séjour aux îles Canaries*, Paris, 1891, in-8°, p. 94.

4) Glas, *The history of the Canary Islands*, Londres, 1764, in-4; Parker Webb et Sabin Berthelot, *Histoire naturelle des îles Canaries*, t. I. part. I, p. 172; Verneau, *Cinq ans de séjour aux îles Canaries*, p. 94.

saient sur ces rochers, dansant tout autour et chantant des airs lugubres comme des chants funèbres, que les Espagnols appelaient *Endechas*. De là, ils allaient sur le bord de la mer et battaient fortement l'eau avec leurs baguettes en poussant en même temps des cris de leur voix la plus haute[1]. On voit que nous avons affaire à une espèce de culte : d'ailleurs les Guanches, à la différence des autres Berbères, semblent avoir eu une religion constituée, si l'on doit prendre à la lettre ce que nous en ont transmis les écrivains espagnols. Quoi qu'il en soit, on serait tenté de rattacher à cette institution des sacrifices, l'usage d'une pierre située près de Guertoufa, entre Tiharet et Relizane, et connue sous le nom de *Hadjar Gaïd*.

« En un endroit, un repli de l'escarpement laisse une pente entre lui et la route, et l'on voit comme une pierre énorme, évidemment tombée du sommet et retenue sur les autres rochers. Elle a quatre mètres dans sa plus grande épaisseur et un mètre soixante-dix dans sa moindre ; sa face supérieure a dix mètres de long et six au moins dans sa plus grande largeur... Lorsque l'on grimpe sur cette roche parfaitement irrégulière, mais présentant une plate-forme telle quelle, inclinée à trente degrés, on y remarque trois bassins formant en quelque sorte cascade, inégaux de taille et de profondeur, et dans lesquels il est facile de voir qu'ont coulé des masses de liquide. A droite sont deux petits trous ronds ; à gauche, deux petits trous carrés, larges tous de dix à quinze centimètres. Il n'est pas douteux qu'on n'ait là un autel primitif, une table à sacrifices[2] ». La conclusion de cette description est acceptable. « Le *Hadjar Gaïd* était un lieu magnifiquement choisi pour une religion sanglante. Le sacrificateur élevé à huit ou dix mètres au-dessus de la foule,

1) Glas, *The history of the Canary Islands*, l. II, ch. 3, p. 70 ; Parker Webb et Sabin Berthelot, *Histoire naturelle des îles Canaries*, t. I, part. I, p. 169.

2) La Blanchère, *Voyage d'études dans une partie de la Maurétanie Césarienne*, Paris, 1883, in-8, p. 42.

faisait couler le sang de la victime de l'un des bassins dans l'autre. Le sacrifice s'accomplissait en face d'un horizon immense : tous les peuples de la plaine le voyaient et le feu qu'on allumait, *sans doute*, s'apercevait des cimes lointaines de Lalla de la montagne de Lalla Krua »[1]. Mais ce n'est qu'une hypothèse. Cependant il existe encore aux Canaries des endroits où se faisaient des libations de lait, des trous et des canaux creusés dans la roche dure et qui étaient destinés à recevoir le liquide. Il y avait même des fosses à sacrifices, simples cavités entourées de pierres amoncelées avec assez de régularité[2]. Dans le qsar de Tementit, au Touat, un aérolithe est encore aujourd'hui l'objet d'une vénération générale. La légende prétend que, quand il tomba du ciel près de Noum en Nas, il était en or, mais que Dieu le changea en argent, puis en fer, pour empêcher les convoitises[3]. A côté des roches naturelles, ou travaillées par la main des hommes, se placent des dolmens, mais comme ce ne sont que des tombeaux, il n'y a pas lieu d'en parler ici[4].

Les cavernes paraissent aussi avoir été en vénération chez les anciens Berbères, conformément à la parole de Sénèque (*Lettres à Lucilius*, XLI) : « Et si quis specus saxis penitus exesis montem suspenderit, non manu factus, sed naturalibus causis in tantam laxitatem excavatus, animum tuum quadam religionis suspicione percutiet ». Mais rien n'est venu jusqu'ici confirmer l'existence d'un dieu des cavernes, Ifrou ou Ifri, affirmée par Masqueray[5]. La plus célèbre divinité qui soit mentionnée est le dieu Bacax, dont on a retrouvé

1) La Blanchère, *op. laud.*, p. 43.

2) Verneau, *Cinq ans de séjour aux îles Canaries*, p. 90-91.

3) Rohlfs, *Reise durch Marokko*, Bremen, 1862, p. 145; Laquière, *Les reconnaissances du général Servière*, Paris, s.d., in-4, p. 21-22, avec une photographie de l'aérolithe; E. F. Gautier, *Le Sahara algérien*, t. I, Paris, 1908, in-8, p. 253.

4) Cf. sur les dolmens en Algérie, Gsell, *Les monuments antiques de l'Algérie*, Paris, 1901, 2 v. in-4, t. I, p. 10-36 avec une bibliographie très complète de la question.

5) *Comparaison du vocabulaire des Zénagas* (*Archives des missions scientifiques*, Paris, 1879, p. 481).

et exploré la grotte, près d'Announa (Thibilis). Dans cette caverne, « les salles ne sont pas disposées sur un même plan horizontal, ni reliées simplement par d'étroits couloirs; elles sont souvent superposées et communiquent entre elles par des escaliers naturels, quelquefois même par de véritables puits. Entre ce couloir d'entrée et le fond de la caverne, la différence de niveau ne doit pas être moindre de trois ou quatre cents mètres[1] ». Le nom du dieu Bacax, mentionné dans un certain nombre d'inscriptions latines, *C. I. L.* VIII, 5504 (18828), 5505 (18829), 5517 (18847), 5518 (18850), 18831, 18838, a résisté jusqu'ici à toutes les tentatives d'interprétation. C'était devant l'entrée de la grotte qu'on offrait les sacrifices. Peut-être est-ce à un culte de ce genre qu'il faut attribuer les très nombreuses inscriptions libyques qui se trouvent dans l'excavation d'Ifri n dellal[2]. C'est encore une divinité des cavernes dont il faut reconnaître le nom dans l'énigmatique G D A S par où commencent un certain nombre d'inscriptions relevées dans la grotte appelée R'ar Zemma, située sur un éperon du Djebel Chettaba, aux environs de Constantine. Bien que contesté par M. G. Mercier[3] qui en donne une description minutieuse, le rapprochement du nom actuel Chettaba, avec la montagne de Giddaba mentionnée par S. Augustin, proposé par Mgr Toulotte et M. Héron de Villefosse, est séduisant et G D A S signifierait *Giddabæ deo augusto sacrum*[4]. A la Grande Canarie, à deux lieues de Trede, au sommet d'une montagne volcanique, existe une grotte spacieuse, ouverte dans le rocher, où l'on entre par quatre ouvertures de quatorze pieds de haut, d'où le nom populaire de Montagne des quatre portes. Les ouvertures sont séparées par des

1) Monceaux, *La grotte du dieu Bacax au Djebel Taia*, Paris, 1887, in-8; G. Mercier, *Les divinités libyques*, Constantine, s. d. in-8, p. 6-7.

2) Cf. R. Basset, *Notes sur les inscriptions libyques d'Ifri n dellal*, *Comptes rendus de l'Académie des Inscriptions*, août 1909, p. 590-593; Saïd Boulifa, *L'Inscription d'Ifira*, *Revue archéologique*, 1909, p. 179-200.

3) *La grotte du Chettaba*, *Recueil archéologique de Constantine*, t. XXXV, p. 156, 166.

4) Cf. Gsell, *Chronique africaine*, Rome, 1903, in-8, p. 44, 45 et note 8.

piliers dont la largeur varie depuis sept jusqu'à neuf pieds. Devant chaque pilier, sur une esplanade taillée dans le roc et servant comme de péristyle à la grotte, l'on voit des espèces de niches, les unes rondes, les autres carrées, qui paraissent avoir été destinées à enfermer les objets du culte : les niches sont à plus de cinq pieds du sol[1]. Dans l'île de Fer, aux Canaries, la grotte d'Asteheyta, dans le pays de Tacuitunta, servait de retraite à celui qui, en temps de sécheresse, allait implorer la divinité. Elle lui apparaissait et lui remettait un porc qu'il présentait à l'assemblée comme signe que ses prières étaient exaucées[2].

Nous ne savons si les Berbères ont adoré l'air ou le vent, mais ce ne fut sans doute que sous une influence étrangère. Nous avons une inscription en vers latins, trouvée à Naraggara (Sidi Yousof) où l'air est invoqué sous le nom de Junon (*C. I. L.*, VIII, 4635) et c'est peut-être à un culte de ce genre qu'il faut rapporter une inscription de Aïn Mtirchou (*C. I. L.*, VIII, 17763). Elles doivent être rapprochées d'un passage de Firminus Maternus (*Erreur des religions profanes*, § III), d'après qui les Assyriens et *une partie des habitants de l'Afrique* ont donné à l'air une espèce de principauté sur les éléments. Mais comme il ajoute qu'ils l'ont consacré sous le nom de Junon ou de Vénus vierge, il est évident qu'il s'agit ici d'un culte punique.

Les rivières, ou du moins les sources des rivières, étaient consacrées à une divinité particulière; les inscriptions qui les mentionnent, les seules que nous possédions, nous font connaître le nom de la divinité désignée, probablement sous l'influence romaine, par le mot génie (*Genius*). C'est ainsi qu'au Sig, on a trouvé une dédicace au Génie du fleuve (*Genio fluminis*, *C. I. L.*, VIII, 9749); à la source du Bou Merzoug,

1) Parker Webb et Sabin Berthelot, *Histoire naturelle des îles Canaries*, t. I, Ire partie, p. 159-160.

2) Viara y Clavijo ap. Parker Webb et Sabin Berthelot, *Histoire naturelle des îles Canaries*, t. I, part. I, p. 168; Verneau, *Cinq ans de séjour aux îles Canaries*, p. 92-93.

près de l'ancienne Sila, on a relevé une inscription mentionnant le Génie de l'Amsaga, ancien nom du fleuve (*C. I. L.*, VIII, 5884)[1]; il en existe à la divinité de l'eau Alexandriana (*C. I. L.*, VIII, 2662); à la divinité des eaux (*C. I. L.*, VIII, 2663), au Génie de la Fontaine (*Genio fontis*), associé à Jupiter, à Fontaine du Caïd, près de Batna (*C. I. L.*, VIII, 4291).

L'application du nom de Génie d'une ville, qu'on rencontre fréquemment dans les inscriptions paraît être le résultat d'une imitation des coutumes romaines qui personnifiaient la ville en un génie particulier, quand ce n'était pas l'œuvre de colons romains plutôt que de populations indigènes. Ainsi le génie d'un village à Lambèse (*Genio vici*, *C. I. L.*, VIII, 2604, 2605); le Génie de Lambèse (*Genio Lambaesis*, *C. I. L.*, VIII, 2528, 2596, 2598, 2599); le Génie de Rusicada (*Genio coloniae Veneriae Rusicadae augusto*, *C. I. L.*, VIII, 7959, 7960); le Génie de Henchir Masfouna (*Genio Lamasbae augusto*); le Génie d'une bourgade à Sour Djouab (*Genio pagi augusto*, *C. I. L.*, VIII, 9196), le Génie des colonies cirtéennes (*C. I. L.*, VIII, 5693, 10866); le Génie de la colonie à Mila (*C. I. L.*, VIII, 7960, 8202 = 19980); le Génie de Mactar (*C. I. L.*, VIII, 6352), le Génie de Subzavar (*C. I. L.*, VIII, 6001); le Génie de Phua (6267-91); le Génie du municipe à Testour (*C. I. L.*, VIII, 1353 (14891); le Génie du municipe de Sataf (Aïn Kebir, *C. I. L.*, VIII, 8389); le Génie de la Civitas celtianensium, chez les Beni Oualbân (*C. I. L.*, VIII, 19688); le Genius populi Cuiculitani à Djemila (*C. I. L.*, VIII, 20144); le Génie de la colonie à Henchir Sidi 'Ali bel Qâsem (*C. I. L.*, VIII, 14687); le Génie de l'oppidum Lamsortense à Henchir Maf'ouna (*C. I. L.*, VIII, 18596); le Génie de la colonia Julia Veneria Chirtae novae à Henchir Djezza (*C. I. L.*, VIII, 16367); le Génie de la bourgade (*Genio vici Augusto*) à Marcouna (*C. I. L.*, VIII, 424); le Génie de Thibar à Henchir Amamet (*C. I. L.*, VIII, 15345); le Génie du

1) Cf. aussi Cherbonneau, *Excursion dans les ruines de Mila, Sufavar, Sila et Sigus*, Constantine, s. d., in-8, p. 30-31.

peuple à Aïn Zana (*C. I. L.*, VIII, 4575), à Constantine (*C. I. L.*, VIII, 6947, 6948); le Génie de Novar... chez les Beni Fouda (*C. I. L.*, VIII, 20429, 20430); le Génie de Gadimefala (? *C. I. L.*, VIII, 18752). On peut y joindre la divinité invaincue de Gouraï (Ksar Gouraï, près de Tébessa, *C. I. L.*, VIII, 1843) et celui qui est mentionné dans une inscription de Bordj Hamza, *Auzio Deo Genio* (*C. I. L.*, VIII, 9014). Le génie est le plus souvent une divinité latine ou punico-latine comme à Ksar el Aḥmar dans la région de 'Aïn Beida : dans une dédicace à Saturne, du IIIe siècle, ce Dieu y est qualifié de Genius saltus Sorothensis[1]; dans une autre adressée à Jupiter, à Uzeli, c'est le *Genius arcae frumentariæ* (*C. I. L.*, VIII, 6339).

A côté des montagnes, des rochers, des grottes et des rivières, les Berbères adoraient aussi les astres, et, en première ligne, le soleil. Son culte existait chez les Berbères nomades, entre l'Égypte et le lac Triton (Hérodote, *Histoires*, l. IV, 188) et chez les Berbères en général[2]. Dans la vie de saint Samuel de Qalamon, nous voyons que le Berbère qui avait réduit le saint en esclavage voulait lui faire adorer le soleil[3]. Nous trouvons des inscriptions latines qui lui sont consacrées : *Soli deo invicto* dans la plaine de Batna (*C. I. L.*, VIII, 2675); *Soli deo Augusto*, à Zaraï (*C. I. L.*, VIII, 4513); *Soli invicto* à Souk Ahras (*C. I. L.*, VIII, 5143), à Slouguia (*C. I. L.*, VIII, 1329); à Cherchel (*C. I. L.*, VIII, 9331); à Affreville (*C. I. L.*, VIII, 9629); au soleil et à la lune, près de Sidi 'Ali bel Qâsem en Tunisie (*C. I. L.*, VIII, 14688, 14689), mais il est douteux qu'il s'agisse de l'ancienne divinité berbère quand on voit le soleil assimilé à Mithra à El Gan (*C. I. L.*, VIII, 18025) ainsi qu'à 'Aïn Toukria (*C. I. L.*, VIII, 21523). Il semble au contraire qu'il s'agisse du dieu berbère dans

1) Gsell, *Chronique archéologique africaine*, Rome, 1899, in-8, p. 40.
2) Ibn Khaldoun, *Kitâb el 'Iber*, Boulaq 1284 hég., 7 vol. in-8, t. VI, p. 89.
3) R. Basset, *Synaxaire arabe-jacobite*, Paris, s. d., in-8, p. 331; F. M. Esteves Pereira, *Vida de Abba Samuel*, Lisbonne, 1894, in-8, p. 22, 99, 154.

une inscription latine d'Aumale, de l'an 207 de l'ère de la province, où il est parlé des cérémonies en l'honneur du Tonnant Porteur de cornes et d'une Panthea qui lui serait adjointe, qui serait vénérée sur les bords libyens et maures et qui siégerait entre Jupiter, Hammon et Dis (*C. I. L.*, VIII, 9018). Les Guanches de Palma vénéraient aussi le soleil et lui donnaient le nom de *Magec*[1], et aussi celui d'*Aman* qui paraît avoir signifié « Seigneur »; en touareg aoulimmiden, *Amanai* a le sens de « Dieu ». Au dire de Macrobe (*Saturnales*, l. I, ch. 21), ces Libyens adoraient le soleil couchant qui était figuré par Hammon (Amen) : on le représentait avec des cornes de bélier dans lesquelles résidait sa principale force, comme celle du soleil dans ses rayons[2]. Dans le discours de S. Athanase contre les Gentils (§ 14), il est dit que, chez les Libyens, la brebis se nommait *amen* et qu'elle était vénérée comme une divinité. On a du reste, et avec toute apparence de raison, émis l'opinion qu'Ammon (Hammon, Amen) était un dieu d'origine berbère. On peut y rapporter la gravure rupestre trouvée à Bou 'Alem dans le Sud Oranais, représentant des béliers dont la tête est surmontée d'une coiffure, ayant la forme d'un disque solaire, flanqué d'un uræus[3]. On aurait tort cependant d'y voir le prototype de l'Amen égyptien; je crois, avec M. Gsell, que c'est une espèce plus ou moins heureuse de représentation égyptienne, comme probablement les dessins rupestres découverts par Barth à Telissau, à l'ouest du Fezzan[4] et le bas-relief trouvé dans les fondations du bordj Tasko à Ghdamès[5].

1) Cf. Alvise de Cá da Mosto, *Relation des voyages à la côte occidentale d'Afrique*, trad. J. Temporal, éd. Schefer, Paris, 1895, in-8, p. 34; Viana, *Antigüedades de las Islas Afortunadas*, p. 24; Glas, *The history of the Canary Islands*, p. 139.

2) Cf. aussi Martianus Capella, *De nuptiis philologiae*, l. II, éd. Eyssenhardt, Leipzig, 1866, in-12, p. 44.

3) Gsell, *Chronique archéologique africaine*, Rome, 1900, in-8, p. 83; *Les Monuments antiques de l'Algérie*, t. I, p. 53.

4) *Reisen und Entdeckungen*, t. I, p. 210-217.

5) *Les Touaregs du Nord*, pl. X.

Mais il est une autre preuve de l'adoration du bélier représentant le soleil et où l'on ne peut voir une imitation égyptienne; il s'agit d'un monument trouvé en 1851 au Vieil Arzeu, représentant « une tête grossièrement sculptée avec un nez accusé très faiblement, deux petits trous ronds pour les yeux et les oreilles et la bouche figurée par une ligne creuse; cornes recourbées et la pointe en bas, bras collés au corps et dont les mains viennent se joindre au-dessus du nombril. La partie inférieure du corps se termine en gaine »[1]. C'est aussi une idole de ce genre qui a été trouvée au Touat et qu'on désigne sous le nom d' « idole gétule » (?)[2]. On peut l'assimiler à *Gourzil* qui avait pour prêtre Ierna et pour père Jupiter Ammon (Corippus, *Johannide*, II, 109-110; V, 494-495; VI, 116), qui l'avait eu d'une génisse (*Johannide*, II, 111). Ce Gourzil est considéré comme un Apollon : il était représenté par une image de taureau qu'on portait à la guerre (*Johannide*, IV, 666-673; V, 22-29). Le culte de cette divinité se maintint longtemps, car au XIe siècle de notre ère, El Bekri mentionne en Tripolitaine une idole en pierre, élevée sur une colline et nommée Gorza, à laquelle les tribus des environs, entre autres les Hoouaras, offraient des sacrifices et adressaient des prières pour obtenir la guérison de leurs troupeaux[3]. El Bekri[4] ne nous donne malheureusement pas de renseignements sur la forme de cette idole. Était-ce aussi une idole berbère du même genre, celle que le même auteur appelle Maghmades (peut-être le Macomades des anciens) et qu'il dit être dressée sur le rivage de la mer entre l'Égypte et le Maghrib et entourée de plusieurs autres? (*Description de l'Afrique*, p. 7). Cette appellation de Gorza qui paraît se retrouver comme élément des noms de localités dans une

1) Berbrugger, *Bibliothèque-Musée d'Alger*, Alger, 1861, in-16, p. 29-30.

2) E. F. Gautier, *Le Sahara algérien*, p. 253.

3) Cf. J. Partsch, *Die Berbern in der Dichtung des Corippus*, Breslau, 1896, p. 16.

4) El Bekri, *Description de l'Afrique septentrionale* texte arabe, éd. de Slane, Alger, 1857, in-8, p. 12.

ville placée par Polybe (*Histoire*, I, § 74) non loin d'Utique et de Carthage, et dans une *tessera* d'hospitalité et de patronage de L. Domitius Ahenobarbus (*C. I. L.*, VIII, 68). « Senatus populusque civitatium stipendariorum *Pagogurzenses* hospitium fecerunt... Faciundum cœraverunt Ammicar, Milchatonis f., Cynasyn Bonoar Azzrubalis f., *Aethogurzensis* Muthunbal f... »[1]. On remarquera les noms puniques des donateurs. Une autre plaque d'airain mentionne la civitas *Gurzensis* (*C. I. L.*, VIII, 69) et peut-être faut-il voir *Gurza* dans la *Gurra* de la table de Peutinger. Au XIe siècle également, El Bekri signale dans l'Atlas, près des B. Lamâs, entre Aghmât et le Sous, une tribu de Berbères idolâtres qui adoraient un bélier : aucun d'entre eux n'osait venir, sinon déguisé, dans les marchés des tribus voisines (*Description de l'Afrique*, p. 161). A ce culte du soleil, une seule tribu aurait fait exception : les Atlantes (variante *Atarantes*) ; n'ayant pas de noms qui les distinguaient, ils regardaient le soleil levant ou couchant en prononçant des imprécations terribles comme contre un astre funeste à eux et à leurs champs ; ils n'avaient pas de songes comme les autres hommes. C'est ce que rapportent Hérodote (*Histoires*, l. IV, § 184) et Pline l'Ancien (*Histoire naturelle*, l. V, ch. 8) ; Nicolas de Damas (fragment 140 éd. Müller) ne mentionne d'injures que contre le soleil levant.

La lune était adorée de même par les Berbères nomades entre le lac Tritonis et l'Égypte (Hérodote, *Histoires*, l. IV, § 188), par d'autres Berbères de l'Ouest (Ibn Khaldoun, *Kitab el 'Iber*, t. VI, p. 89) et par les Guanches. Ceux-ci observaient exactement ses phases, surtout pour la nouvelle lune ou la pleine lune[2]. Les Berbères l'avaient-ils assimilée à la déesse céleste de Dougga et de Carthage, celle-ci apportée, suivant la tradition par Didon, appelée par les Phéniciens Astro Arkhé et transportée à Rome par Cara-

1) Egger, *Latini sermonis reliquiæ*, Paris, 1843, in-8, p. 327.

2) Alvise de Cá da Mosto, *Relation*, p. 34 ; Glas, *The history of the Canary Islands*, p. 139.

calla? (Hérodien, *Histoire romaine*, l. V. ch, VI, § 4). Comme on le voit par un passage de l'*Histoire auguste*, les prédictions sorties du temple de Cœlestis à Carthage causèrent en Afrique un grand nombre de séditions auxquelles prirent part probablement les Berbères et que Pertinax dut réprimer pendant son proconsulat d'Afrique (J. Capitolin, *Vie de Pertinax*, ch. IV). Le croissant de la lune se rencontre au-dessus d'un grand nombre d'inscriptions (Cf. *C. I. L.* passim) dont une, chez les Beni Oukden, est en caractères libyques et phéniciens (*C. I. L.*, VIII, 20184), mais il est vraisemblable que ce signe qui avait primitivement désigné un culte lunaire était devenu un ornement sans signification. Il n'y a pas lieu d'adopter l'hypothèse, émise d'après des étymologies et des rapprochements inexacts, suivant laquelle Tanit, la grande divinité punique, serait de provenance berbère[1]. Si l'on remarque qu'en berbère, le nom de la lune est masculin, *Aiour* ou *Aggour*, on reconnaîtra qu'elle n'a pu être figurée par une déesse. Il y a beaucoup plus de vraisemblance dans l'hypothèse de M. G. Mercier[2] qui tend à retrouver *Aiour* dans l'énigmatique *Ieru* mentionné avec l'épithète d'auguste, dans une inscription découverte sur le Guechgach, à seize kilomètres de Constantine (*C. I. L.*, VIII, 5673).

Les autres corps célestes étaient-ils l'objet de l'adoration des Berbères? c'est ce qui est probable, bien que nous n'ayions de preuves que pour un petit nombre d'entre eux. Alvise de Ca da Mosto l'affirme pour les Guanches de Ténérife (*Relation*, p. 34). La planète Vénus porte aujourd'hui en zaouaoua le nom de *Lemr'ar*; chez les Aouelimmiden, en tant qu'étoile du soir, celui de *tatari*, et qu'étoile du matin, *amaouen n ehad* ou *amaouen achimmelech*; chez les Ahaggar, elle est appelée *Tatrit ta n toufat* ce qui traduit exactement « étoile du matin ». A l'exemple d'autres nations, les Ahaggar ont placé dans le ciel un certain nombre de scènes, sans

1) Bertholon, *Essai sur la religion des Libyens. Revue tunisienne*, novembre 1908, p. 484-450.

2) *Les divinités libyques*, p. 12-16.

qu'on puisse décider si elles correspondent à un sentiment religieux. Ainsi les Pléiades sont les « Filles de la nuit » (*Chêt Ahadh*) : six des étoiles de cette constellation ont chacune leur nom ; la septième est l'œil d'un garçon qui a été détaché et s'est envolé au ciel. Cette tradition est donnée dans les vers suivants :

Les filles de la nuit sont au nombre de sept :

Mâteredjré et Erredjâot,
Mâteseksek et Essekâot
Mâtelaghlagh et Elleghâot.
La septième est l'œil d'un garçon qui s'est envolé au ciel [1].

On voit que les six étoiles se réduisent à trois couples dont les noms appartiennent à la même racine. Les Aouelimmiden leur donnent aussi le nom de Chettahat (= Chêt Ahadh).

Orion, en touareg *Amanar*, a deux interprétations. Suivant l'une, il sort d'un puits vaseux et Rigel (*Adar ne lakou*, le Pied dans la vase) est le dernier pied qu'il sort de la boue, c'est-à-dire la dernière étoile, quand la constellation monte dans l'Est. D'après l'autre, c'est un chasseur, ceint de sa ceinture (en ahaggar et en aouelimmiden *Tadjebest en Amanar*, baudrier d'Orion), qui est suivi par un chien (*Eidi* = Sirius) et précédé par des Gazelles (*Ihenkadh*, constellation du Lièvre)[2].

La Grande Ourse et la Petite Ourse représentent une chamelle et son petit (*Talemt de roris*) : l'Étoile Polaire est une négresse appelée *Lemkechen* (c'est-à-dire « tiens ») parce qu'elle doit tenir le jeune Chameau (*Aoura*) pour qu'on puisse traire sa mère. Mais les étoiles ψ, λ, μ, ν, ξ, représentent une assemblée qui délibère si l'on doit tuer la négresse : celle-ci (la Polaire) se tient immobile de peur[3]. Suivant une légende contaminée par la religion musulmane, la Grande Ourse serait une chamelle qui aurait appartenu à Noé. Elle fut tuée par sept nobles dont un Touareg : celui-ci fut métamorphosé

1) Duveyrier, *Les Touaregs du Nord*, p. 424-425.
2) Duveyrier, *op. laud.*, p. 424.
3) Duveyrier, *op. laud.*, p. 424.

en ourane (*ar'ata*, sorte de grand lézard), les autres en chacal, en caméléon etc. La chamelle fut transportée au ciel. Depuis lors, les Touaregs ne mangent pas l'ourane qu'ils regardent comme leur oncle maternel[1].

Le Scorpion est appelé tantôt *Tagherdamt* (scorpion), tantôt *Tazzeit* (palmier). Un jeune homme, *Amrot* (Antarès) veut monter sur le palmier; mais, arrivé à mi-hauteur de l'arbre, il aperçoit de belles jeunes filles, *Tibaradin*, vêtues de *k'aoulis* rouges, venant de la mare (*Tesdhak*), il reste à mi-hauteur pour les contempler[2].

D'autres constellations ont un nom, mais aucune légende ne s'y rattache. La Voie lactée se nomme à Bougie *ajgou u tignaou* poutre du ciel; chez les Touaregs, *Mahellaou*. Les étoiles ε, δ, η du Grand Chien sont appelées *Ifarakraken* (bruit d'un éventail ou d'un oiseau) et β, *Aouhem*, le petit de la Gazelle; δ et o du Navire sont la Richesse (*Tenâfalet*) et la Pauvreté (*Tôzzert*); Aldebaran se nomme *Kôkoyyodh* et Canope, *Ouadit*[3]. Les Africains (Afri) passaient du reste dans l'antiquité pour être très versés dans la science des horoscopes, et particulièrement Septime Sévère, comme on le voit par un mot qui lui est attribué. Parlant de son fils Géta à Juvénal, préfet du prétoire, il lui disait : Il est étonnant que notre fils Géta doive être divinisé, sa constellation n'ayant à mes yeux rien d'impérial (Spartien, *Vie de Géta*, § 2, dans l'*Histoire auguste*).

Le nom de l'arc en ciel, chez quelques tribus berbères, nous a conservé la trace d'un mythe. Si à l'Oued Rir', on l'appelle *abechchi* et en harakta, *abeggas* (la ceinture), en zouaoua, il se nomme *thislith b ouanzar* ; chez les Bot'ioua d'Arzeu, *thisrith n ounzar*; chez les B. Iznacen, *thaslit n ounzer*, qui signifie « la fiancée de la Pluie », et chez les Beni Menacer, *tasliith n oujenna*, « fiancée du ciel ». La pluie, *Anzar* est donc considérée comme un être masculin. Dans le Jur-

1) Benhazera, *Six mois chez les Touaregs*, p. 60-61.
2) Duveyrier, *op. laud.*, p. 425.
3) Duveyrier, *op. laud.*, p. 424-426.

jura, les enfants kabyles, en temps de sécheresse, vont de maison en maison en chantant :

> Anzar! Anzar!
> O Dieu, abreuve-nous jusqu'à la racine [1].

Au Mzab, les enfants chantent en dépiquant le grain :

> Donne-nous, ô Dieu, l'eau d'Anzar [2].

Dans un conte populaire de Ouargla, Amzar (= Anzar) est personnifié [3]. L'arc-en-ciel est par conséquent regardé comme la *fiancée* de la pluie. Ce mythe n'est pas sans rapport avec la manière dont on provoque la pluie chez certaines populations berbères et arabes du Maghrib. A Aïn Sefra, à Tlemcen, à Mazouna, on prend une cuiller en bois (en kabyle *aghendja*) qu'on habille avec des chiffons, de manière à en faire une sorte de poupée représentant une *fiancée* ou une *mariée*, appelée *Ghondja*, que l'on promène solennellement aux tombeaux des marabouts locaux, en chantant des couplets qui varient suivant les localités. Ainsi celui-ci :

> Ghondja! Ghondja a découvert sa tête.
> O mon Dieu, tu arroseras ses pendants d'oreilles;
> L'épi est altéré;
> Donne-lui à boire, ô notre Maître [4].

A Tit, dans les oasis du Touat, pendant la sécheresse, les gens sortent du qçar, hommes, femmes, garçons et filles. Ils prennent une cuillère de bois et l'habillent de vêtements féminins. Une jeune fille la porte et les gens répètent : O cuiller! ô prairie! (*Ar'endja — ia merdja*); Seigneur, améliore le temps de la chaleur! ô Seigneur! au nom du Pro-

1) Ben Sedira, *Cours de langue kabyle*, Alger, 1887, in-8, p. XCVIII, note 1. Cf. Masqueray, *Inscriptions inédites d'Auzia. Bulletin de correspondance africaine*, t. I, 1882, p. 11-12.

2) De Motylinski, *Le dialecte berbère de R'damès*, Paris, 1907, in-8, p. 147.

3) Biarnay, *Etude sur le dialecte berbère de Ouargla*, Paris, 1908, in-8, conte IX, p. 247-249.

4) Cf. A. Bel, *Quelques rites pour obtenir de la pluie en temps de sécheresse chez les Musulmans Magribins*, *Recueil de mémoires et de textes imprimés en l'honneur du* XIVe *Congrès des orientalistes*, par les Professeurs de l'Ecole des Lettres, Alger, 1905, in-8, p. 49-98; Doutté, *Magie et Religion dans l'Afrique du Nord*, Alger, 1909, p. 584-586.

phèle! Déjà dans son apologétique, § XXIII, Tertullien donne à la Virgo Cœlestis le titre de *Pluviarum Pollicitatrix*. Chez les Guanches, le fonds de la cérémonie pour provoquer la pluie consistait à faire jeûner les hommes et les troupeaux et même, à Ténérife, les petits qu'on séparait de leurs mères et dont les cris devaient émouvoir le ciel[1]. C'était aussi un don de certains magiciens. Un historien de l'antiquité nous raconte comment chez les Berbères, une armée romaine, commandée par Hosidius Géta, successeur de Suétonius Paulinus faillit mourir de soif dans les sables à la poursuite des rebelles et de leur chef Subulus. Un indigène allié persuada au général romain d'avoir recours aux incantateurs et à la magie, affirmant que souvent un pareil moyen avait amené de l'eau en grande quantité. Cette fois encore, le procédé réussit, mais nous ignorons en quoi il consistait (Dion Cassius, *Histoire romaine*, l. IX, ch. 9).

A ces divinités, il faut joindre celles que nous a fait connaître l'épigraphie latine, mais sur les attributions et la nature desquelles nous ne sommes pas fixés. Ainsi nous avons des dédicaces aux Dieux Maures sur divers points de l'Afrique du Nord : à Cherchel (*C. I. L.*, VIII, 9327); près de l'Oued Marcouna (*C. I. L.*, 2639); près de l'Oued Tezzoulet (*C. I. L.*, VIII, 2640); à Lamoricière (*C. I. L.*, VIII, 21720); à Henchir Remdan en Tunisie (*C. I. L.*, VIII, 1442); aux Dieux Maures sauveurs et au Génie de Satafis à Aïn Kebira (*C. I. L.*, VIII, 20251). Ces Dieux Maures sont-ils les rois divinisés dont il sera parlé plus loin? La chose est possible, mais rien ne vient l'affirmer; ainsi Autiman, associé à Mercure dans une inscription de Lambèse (*C. I. L.*, VIII, 2650) et qu'on a comparé au Mastiman de Corippus (*Johannide*, VIII, 306-307), que quelques-uns prenaient pour le dieu de la guerre[2]. D'autres Maures voyaient en lui le Jupiter Tœnarius qu'on a

1) Viera, d'après Espinosa, ap. Parker Webb et Sabin Berthelot, *Histoire naturelle des îles Canaries* t. I, part. 1 p. 173; Verneau, *Cinq années de séjour aux îles Canaries*, p. 92-93.

2) Cf. G. Mercier, *Les divinités libyques*, p. 1.

proposé de corriger en Jupiter Tartarius correspondant au Dis Severus de l'inscription latine (*C. I. L.*, VIII, 9018)[1] et à qui on immolait des victimes humaines en temps de peste (*Johannide*, VIII, 307-309). On peut rapprocher ce passage de celui où Pline l'Ancien (*Histoire naturelle*, V, 8) nous dit que les Augiles n'admettaient que les dieux infernaux, ou, suivant Pomponius Mela, les Mânes (*De situ orbis*, I, 8). Aulisva était adoré dans la région de Tlemcen, comme le montrent deux inscriptions trouvées à Agadir (*C. I. L.*, VIII, 9906, 9907) et une autre à 'Aïn Khial (*C. I. L.*, VIII, 21704). Je ne crois pas nécessaire d'insister sur Kautus Pates, nom dont la lecture dans une inscription de Khenchela n'est rien moins que sûre, non plus que sur Kaub, mentionné dans le Chettaba. Une inscription de Henchir Matkides (*C. I. L.*, VIII, 16749) semble indiquer cinq dieux du pagus de Magifa : elle est dédiée à Masidenis, Tikikvæ, Sugganis, Iesdanis, qui avaient des statues. Une autre, à Sidi Yousof (*C. I. L.*, VIII, 18809) mentionne un Iocolo (*Iocoloni deo patrio*). Cette épithète de *Deus patrius* est donnée à Baliddir ou Baldir, dans les inscriptions qui le nomment : à Guela'at bou Sba' entre Bône et Guelma (*C. I. L.*, 5279), à Sigus (*C. I. L.*, VIII, 19121, 19122, 19123) : est-ce le même que le *Genius patrius* dont un prêtre fut enterré à Zettara (Kef Bezioua)? Un autre *Deus patrius*, qui avait des prêtres, est signalé à Henchir el Bez (*C. I. L.*, VIII, 12003). Ce nom de Baliddir, ou du moins son second élément *iddir* est-il berbère comme l'a soutenu M. G. Mercier[2] qui le traduit par « le Dieu vivant » ? La principale objection viendrait de ce que ce nom serait hybride, composé de punique et de berbère. On l'a rapproché aussi, mais sans grande vraisemblance, de celui d'Abbadiri Sancto[3], mentionné dans une inscription de Miliana (*C. I. L.*, VIII, 21481) et compté parmi les divinités puniques par S. Augus-

1) Partsch, *Die Berbern in der Dichtung des Corippus*, p. 16.

2) *Les divinités libyques*, p. 8-12.

3) Schmidt, Cagnat et Dessau, *Inscriptionum Mauritaniae latinarum supplementum*, Berlin, 1904, in-fol., p. 2028.

tin (Ép. XVII, 2). Priscien (VII, 313) donnait le nom d'Abbadia au bétyle avalé par Saturne.

Mais quel que soit le sens donné à Iddir, il ne paraît pas qu'on puisse en faire un dieu suprême de l'Afrique septentrionale. Peut-être s'était-il produit, sous l'influence romaine et à son imitation, un mouvement qui dégagea un des dieux locaux et le plaça au-dessus des autres, au moins pour la Mauritanie ; c'est ce que sembleraient indiquer deux inscriptions, dont l'une, à Bougie est dédiée *Numini Mauretaniae et Genio Thermarum* (*C. I. L.*, VIII, 8926) et une autre à Aïn Kebira, *Numini Maur. aug.* (*C. I. L.*, VII, 2052). M. Halévy a cru voir ce dieu suprême dans Iolaos mentionné, à ce qu'il dit, dans le traité entre Carthage et le Sénat romain et qu'il croit avoir retrouvé dans une inscription libyque[1]. La lecture de ces dernières est trop peu sûre et d'ailleurs Iol est un dieu punique. Si l'on en croit les Espagnols, les Guanches auraient eu, au moment de la conquête des Canaries, un dieu suprême. Viana[2] rapporte qu'ils adoraient un seul dieu, infini, tout-puissant, juste, clément, appelé en leur langue *Hucanech*, *Guayaxarax* (nommé par Viera *Achguoyaxiraxi* « le conservateur du monde »), *Acucanac* (nommé par Galindo *Achucana*), *Menceito*, *Acoron*, *Acaman*, *Acuhurajan* (nommé *Achahurahan* et *Achxurahan* par Viera, *Achahuaban* par Galindo), épithètes signifiant « tout-puissant, protecteur et créateur de tout être, sans principe et sans fin, cause des causes ». Le sens de ces mots n'a pu se retrouver en berbère sauf pour *Acoron* et *Acaman* qui signifient « le grand » et « le ciel ». Les noms guanches transmis par les Espagnols sont très fortement altérés, ce qui s'explique par des fautes graphiques et par l'ignorance, où étaient les écrivains, de la langue parlée aux Canaries. Ainsi *Achaman* donné par Viera, avec le sens de « Dieu suprême » est plus

1) *Essais d'épigraphie libyque*, Paris, 1874, in-8, p. 157-158.

2) *Antigüedades de las Islas Afortunadas*, p. 19 ; de Goldberry, *Fragments d'un voyage en Afrique*, Paris, an X, in-8, t. I, p. 90 ; Parker Webb et Sabin Berthelot, *Histoire naturelle des Iles Canaries*, t. I, part. I, p. 170.

correct qu'*Acamar* et paraît apparenté au touareg aouelimmiden *aochina* « le ciel » (cf. guanche de Tenerife *achano*, année) ; il se rattache à la racine G N qui a donné en zouaoua *thignouth* nuage et *igenni*, ciel, et dans d'autres dialectes *ajenna* et *ijenni* avec le même sens. Mais on ne saurait accorder une confiance entière à Viana chez qui se manifeste la tendance à reconnaître chez les Guanches une doctrine semblable au Christianisme avec un dieu suprême et un démon. Il dit même que jamais ils ne crurent à une idole, ni n'en adorèrent et qu'ils ne vénérèrent qu'un seul Dieu. M. Chil y Naranjo restreint cette assertion aux naturels de Lanzarote[1]. Le même auteur a relevé des données inexactes de ce genre[2], et du reste, l'assertion est démentie par la découverte, au XIVe siècle, d'idoles à la Grande Canarie[3] et l'adoration de celle qui représentait une femme nue dans un édifice appelé Tirma[4]. Au dire de Viera, le dieu des hommes se serait appelé à l'île de Fer *Eraoranhan* (*Eraorangan* d'après Galindo) ; il aurait siégé avec Aroreyba, déesse des femmes, sur les deux rochers de Bentayga, appelés encore aujourd'hui *Santillos de los Antiguos*. Après leur conversion au christianisme, les naturels de l'île de Fer adorèrent Jésus et Marie sous les noms d'Eraoranhan et de Moreybo[5]. Le dieu suprême, au dire d'Espinosa, aurait créé l'homme de la terre et de l'eau, tant les hommes que les femmes : les troupeaux leur avaient été donnés pour se nourrir. Ensuite, il créa plus d'hommes, mais il ne leur donna plus de troupeaux. Comme ils en demandaient, il leur répondit : Gardez ces autres, et ils vous nourriront. Cette dernière classe d'être créés se composait des *Achicaxac*, paysans, tandis que la première compre-

1) *Estudios historicos de las Islas Canarias*, t. I. Las Palmas, in-8, 1876-1879, p. 427-428.

2) Chil y Naranjo, *op. laud.*, p. 517-518.

3) Verneau, *Cinq ans de séjour aux îles Canaries*, p. 88-90.

4) Bernaldes *ap.* Parker Webb et Sabin Berthelot, *Histoire naturelle des îles Canaries*, t. I, part. I, p. 170.

5) Parker Webb et Sabin Berthelot, *op. laud.*, t. I, part. I, p. 168.

nait les nobles, *Achimencei*, et les chevaliers *Cichiciquitzo*[1].

Cette liste de divinités pourrait être accrue, si nous avions les noms indigènes de celles dont les Grecs et les Latins font mention, mais en les assimilant aux leurs; quelquefois même les Berbères sont allés plus loin et l'assimilation est devenue un emprunt fait par eux. Toutefois, il me paraît inutile de m'arrêter sur le roman mythologique bâti de toutes pièces sur les Amazones, les Atlantes et leurs rois, Ammon etc., qui termine le IIIe livre de la *Bibliothèque historique* de Diodore de Sicile. Il n'a absolument rien de commun avec les traditions et les coutumes religieuses des Berbères. Hérodote (*Histoires*, l. II, ch. 50) nous dit que ce sont les Libyens qui ont révélé Poseïdon; que nul avant eux n'avait prononcé son nom et qu'ils l'avaient toujours honoré comme un Dieu. Ampélius (*Liber memorialis*, ch. IX) nous parle d'un cinquième Apollon, né en Libye (Gourzil?). Mais la plus célèbre de toutes ces divinités est Athénê Tritogénis, née, suivant Hérodote (*Histoires*, l. IV, ch. 180), Pomponius Mela (*De situ orbis*, l. I, ch. 7) et Pausanias (*Description de la Grèce*, l. I, ch. IV) de Poseïdon et de la nymphe du lac Tritonis. Ce n'est pas le lieu d'étudier ici le personnage de Triton comme l'ont représenté les monuments grecs[2], mais Hérodote mentionne des rites paternels que les Vierges des Auses exécutaient en l'honneur d'une déesse indigène, par conséquent berbère, et qui n'était autre que celle appelée Athénè par les Grecs. « Le jour de la fête annuelle d'Athénè, les vierges se rangent en deux bandes combattant les unes contre les autres à coups de pierres et de bâtons. Celles qui meurent de leurs blessures sont réputées fausses vierges. Avant le combat, celle qui est reconnue pour la plus belle est ornée d'un casque corinthien et d'une armure grecque ; on la fait monter en outre sur un

1) Alonso de Espinosa, *The holy image of your Lady of Candelaria*, L. I, ch. 8, trad. par Markham, *The Guanches of Tenerife*, Londres, 1907, in-8.

2) Cf. Vater, *Triton und Euphemos*, Saint-Pétersbourg, 1849, in-8 ; Tissot, *De Tritonide lacu*, Dijon, 1863, in-8 ; Escher, *Triton und seine Bekämpfung durch Heracles*, Leipzig, 1890, in-8.

char et on la promène autour du lac. » Les Grecs expliquèrent cette coutume comme un souvenir de la lutte que se livrèrent Athénè, élevée chez Triton et Pallas, fille de ce dernier, et dans laquelle elle périt (Apollodore, *Bibliothèque*, III, 12). Cet usage aurait encore existé au temps de Pomponius Méla, à moins qu'il n'ait simplement copié Hérodote. Ce dernier pensait qu'avant le casque et le bouclier grecs, elles portaient des armes égyptiennes (*Histoires*, l. II, ch. 276)[1].

Une inscription latine trouvée à Aïn Goulea en Tunisie (*C. I. L.*, VIII, 15247) et une autre à Henchir El Matria (*C. I. L.*, VIII, 15378) mentionnent une dédicace à un dragon (*Draconi augusto*). Peut-être cette divinité est-elle à rapprocher du serpent de bronze à tête dorée que les païens adoraient à Tipasa, sur la colline des Temples, et que, au ve siècle, sainte Salsa jeta à la mer, ce qui causa son supplice. Il n'est pas certain que ce soit un reste du culte d'Eschmoun[2], et le résumé de la passion de sainte Salsa n'est pas probant à ce sujet[3]. Toutefois, rien ne démontre que le culte du serpent ait jamais été indigène chez les Berbères.

D'un autre côté, le panthéon berbère a pu s'enrichir grâce à l'apothéose des rois, du moins au temps de l'indépendance. On connaît la phrase de Minucius Félix : *Et Juba, Mauris volentibus, Deus est* (*Octavius*, ch. XXIII). Une inscription latine (*C. I. L.*, VIII, 17159) est précisément consacrée à Juba et au Génie Vanisnensis à Tassammert[4]. De son côté, Tertullien disait : *Unicuique etiam provinciae et civitate deus est... et Mauritaniae reguli sui* (*Apologétique*, ch. XXIV). On a trouvé à Bougie un fragment d'inscription dédiée au roi Ptolémée, fils de Juba (*C. I. L.*, VIII, 9127); un autre à Alger (*C. I. L.*, VIII 9257) ; à Cherchel, au Génie du roi Ptolémée (*C I. L.*, VIII, 9342). Peut-être est-ce un culte rétrospectif qui détermina les habitants de Thubursicum Numidarum

1) Cf. Escher, *Triton und seine Bekämpfung*, p. 79. A. J. Reinach, *Itanos et l'inventio scuti* dans *Rev. de l'hist. des Relig.*, mars-avril 1910, p. 198-201.

2) Cf. Gsell, *Tipasa*, Rome, 1894, p. 310-311.

3) Gsell, *Recherches archéologiques*, p. 1-3.

4) Cf. Gsell, *Recherches archéologiques*, p. 286-287.

(Khamissa) à consacrer comme une divinité Hiemsal, fils de Gauda (*C. I. L.*, VIII, 7* (17159), ce qui explique l'hommage rendu à Gulussa, roi de Numidie, fils de Masinissa (*C. I. L.*, VIII, 7*) d'après deux inscriptions traitées de fausses avec une légèreté malveillante par Mommsen qui dut ensuite se rendre à l'évidence et confesser son erreur[1]. Mais il est probable que l'Afrique suivit l'exemple donné par Rome pour l'apothéose des empereurs, comme on peut le reconnaître par ce rapprochement fait par Lactance : *Hac scilicet ratione Romani Caesares suos consecraverunt et Mauri reges suos*... et plus loin : *Singuli populi... summa veneratione coluerunt ut Aegyptii Isidem, Mauri Jubam* (Migne, *Patrologia latina*, t. VI, col. 194); Pomponius Mela (*De situ orbis*, l. I, ch. 6) avait constaté le fait : « Les habitants des rivages de l'Afrique, depuis les colonnes d'Hercule, *ont adopté en tout point nos mœurs et nos usages*, si ce n'est que quelques-uns ont conservé leur langue primitive, ainsi que les dieux et le culte de leurs ancêtres ». Cette remarque de Pomponius Mela est confirmée par Ibn Khaldoun : « Il arriva que, de temps à autre, les Berbères professaient la religion des vainqueurs, car des nations puissantes les avaient soumis » (*Kitâb el 'Iber*, t. VI, p. 106). Faut-il ajouter que Septime Sévère, Africain d'origine, était regardé comme un dieu par les Africains (*Histoire Auguste*, *Vie de Septime Sévère*, ch. XIII). C'est ce qui explique l'immense quantité d'inscriptions en l'honneur de divinités adoptées, et non pas même assimilées, par les Berbères qui prenaient les dieux de Rome après ceux de Carthage : Jupiter, Junon, Pluton, Pallas, Vénus, Apollon, Diane, les Nymphes, Neptune, Mercure, Silvain, Bellone, Cérès, Hercule, Minerve, Mars, Esculape, les Dioscures, Tellus, Hygie etc. et même les divinités orientales comme Mithra, Malagbel, Mater Magna, Jupiter Dolichenus, Jupiter Heliopolitanus, Isis, Sarapis. Il faut y joindre Bacchus-Liber, car c'est par erreur qu'on a cru retrouver le nom de

1) Cf. Masqueray, *Les Additamenta ad Corporis volumen de M. Schmidt*, *Bulletin de correspondance africaine*, 1885, Alger, in-8, p. 161-163.

Bacchus par une fausse lecture du nom de *Yakouch* qui est d'origine berbère[1], et la traduction d'une épithète arabe qui n'a rien de commun avec Dionysos. L'existence de vignes en Afrique ne justifie nullement les hypothèses dans lesquelles s'est aventuré M. Lefébure[2] et après lui M. Bertholon[3]. Mais il est à peu près impossible de faire le départ entre les adorateurs, colons ou soldats romains, soldats étrangers, habitants d'origine punique, métis de Berbères et de Phéniciens ou de Latins, ou enfin de Berbères purs.

Peut-être faut-il attribuer aux Berbères, à côté du culte de leurs rois celui de personnages analogues aux demi-dieux de l'antiquité et dont la naissance et la taille gigantesque forment le sujet de diverses légendes. Ils racontaient en effet que la sœur de Ya'la ben Moh'ammed el Ifreni donna le jour à un fils sans avoir eu commerce avec un homme, s'étant baignée dans une source d'eau chaude où les bêtes féroces allaient boire et ayant conçu par l'effet de la bave d'un lion : L'enfant fut nommé *Kelmâm ibn al Asad* (fils de lion) et on rapporte de lui des traits extraordinaires. Ibn Khaldoun ajoute que les Berbères racontent un si grand nombre d'histoires de ce genre que si on les mettait par écrit, on en remplirait un grand nombre de volumes[4]. C'est à des croyances semblables, adaptées à des traditions grecques ou juives, qu'il faut rattacher la légende de la découverte du corps d'Antée, qui ne mesurait pas moins de soixante coudées, comme Sertorius le constata, au dire de Gabinius, dans son *Histoire romaine*, lorsqu'il fit ouvrir près de Legna en Mauritanie le tombeau de ce géant, de qui prétendait descendre Juba par son fils Sophax (Strabon, *Géographie*, l. XVII, III, § 8; Plutarque, *Vie de Sertorius*, ch. IX). Est-ce un souvenir de ce genre qu'on peut relever dans l'hymne VIII

1) Voir plus loin, p. 50.

2) *La politique religieuse des Grecs en Libye*, Alger, 1902, in-8, p. 22-38.

3) *Essai sur la religion des Libyens*. *Revue Tunisienne*, janvier 1909, p. 31-32.

4) *Kitâb el 'Iber*, t. VI, p. 106. Cf., sur des traditions de ce genre, *Lucina sine concubitu*, ap. Van Gennep, *Religion, mœurs et légendes*, Paris, 1908, in-18, jés., p. 14-25.

du *Peristephanon* de Prudence, quand il dit que Tingis possède les monuments funéraires des rois Massyliens[1]. De nos jours encore, les habitants d'Arzilla au Maroc montrent sur une roche l'empreinte d'un pied gigantesque, trace de leur ancêtre[2]. Un autre géant, que les traditions juives et musulmanes se sont approprié sous le nom de Sidi Oucha' (Josué) est enterré au bord de la mer, chez les Beni Cha'ban, dans la région de Nedromah. Une rangée de pierres marque la longueur du corps qui dépasse le mur de la *qoubbah* où se trouve son tombeau et vient finir dans une sorte de *h'aouitah*[3].

Parmi les êtres fabuleux dont le culte se conserva bien après la conversion de l'islam, il faut mentionner une catégorie de génies que nous ne connaissons que par le nom arabe de *Chamârikh*, au XIe siècle de notre ère, chez les Benou Oursifan. « Quand il veulent entreprendre une guerre, ils immolent une vache noire aux Chamârikh qui sont leurs satans et ils disent : Voilà un sacrifice pour les Chamârikh. Quand ils vont le matin au combat, ils observent jusqu'à ce qu'ils voient un tourbillon de poussière et disent : Les Chamârikh, vos amis, viennent à votre secours. Alors ils chargent avec la certitude de triompher. Ils prétendent que jamais cela ne leur a fait défaut et leur foule ne se cache pas pour y croire. Quand ils donnent l'hospitalité à un hôte, ils mettent de côté leur nourriture pour les Chamârikh et soutiennent que ceux-ci mangent ce qu'on leur a réservé. Dans tout cela, ils se gardent de prononcer le nom de Dieu »[4]. Les historiens arabes nous ont conservé le souvenir des génies familiers de la Kahinah, Dihya, fille de Tâbet (?) de la tribu des Djeraouas qui résista longtemps et avec succès aux Musulmans et les chassa même de l'Ifriqya. Ce sont ces démons familiers qui lui annoncèrent la victoire finale des

1) Migne, *Patrologia latina*, t. LX, Paris 1862, col. 364. Le commentaire de D. Ruinart, *Acta primorum martyrum sincera*, Amsterdam, 1713, in-4, p. 469, note 11, reconnaît son incertitude.

2) L. de Campou, *Un empire qui croule*, Paris s. d., in-18, jés., p. 233.

3) Cf. R. Basset, *Nedromah et les Traras*, Paris 1901, in-8, p. 76-77.

4) El Bekri, *Description de l'Afrique*, p. 188-189.

Arabes et la déterminèrent à envoyer ses fils se livrer à eux avant la suprême bataille où elle succomba[1]. Cette faculté prophétique est encore rapportée par Procope (*De bello Vandalico*, l. II, ch. 8) : lors de l'expédition de Bélisaire contre les Vandales, les Maures, craignant qu'il ne leur en résultât quelque dommage, eurent recours aux prédications des femmes. Après quelques cérémonies, elles prédirent l'avenir comme les anciens oracles. Au milieu du xe siècle de notre ère, chez les Ghomara du Maroc, Tangrit, tante de Ha-Mim, et Dadjdjou, sœur de ce dernier, qui fonda, comme on le verra plus loin, une religion particulière, étaient des devineresses renommées et la croyance en la première faisait partie du Qorân de son neveu[2]. Procope ne nous a pas fait connaître les cérémonies préparatoires employées par les femmes des Maures pour la vaticination, mais la pratique suivante a cours chez les Touaregs à El Esnam près de Ghadamès. « Pendant l'absence des hommes, les femmes parées de leurs plus beaux vêtements vont se placer auprès des tombes des *Zabbâr* (de l'arabe *Djabbâr*, géant) qu'ils (les Touaregs) croient de race antérieure à la leur et elles évoquent le génie qui les renseignera. Son nom est *Idebni* (le tombeau lui-même se nomme *Adebni*) ; il leur apparaît sous la forme d'un géant, avec des yeux comme ceux d'un chameau et il leur donne les renseignements demandés. Les femmes, pour cette consultation, doivent éviter de porter sur elles quoi que ce soit en fer ou en acier, fût-ce une aiguille[3]. La même cérémonie a lieu dans l'Aïr, mais de

1) Ibn Adzari, *Histoire de l'Afrique et de l'Espagne*, éd. Dozy, Leiden, 1848-51, 2 vol. in-8, t. I, p. 22; Ibn Khaldoun, *Kitâb el 'Iber*, t. VI, 109-110; t. VII, p. 9; Et Tidjâni, *Voyage*, tr. Rousseau, Paris, 1863, in-8, p. 65; *Voyage de Mouley Ahmed*, ap. Berbrugger, *Voyages dans le Sud de l'Algérie*, Paris, 1846, in-4, p. 236, 237.

2) El Bekri, *Description de l'Afrique*, p. 100; Ibn Abi Zer', *Roudh el qirtâs*, éd. Tornberg, Upsala, 1843-1846, 2 vol. in-4, t. I, p. 62; Ibn Khaldoun, *Kitab el 'Iber*, t. VI, p. 216.

3) Duveyrier, *Les Touaregs du Nord*, p. 415 : *Sahara algérien et Tunisien*, Paris 1905, p. 203; Ben Hazera, *Six mois chez les Touaregs*, p. 63.

nuit[1]. « Sur les flancs d'un ghour qui domine l'Oued Aoudjidit, dans le nord du Sahara, on trouve de grandes tombes analogues à celles qui existent sur les pentes rocheuses de Tabelbalet. Elles ont la forme d'une ellipse, dont le grand axe, orienté est-ouest, varie entre 20 et 45 mètres. Les contours sont formés d'amoncellements de pierres de moyenne grosseur. Les Touaregs Azger attribuent ces sépultures à une race antérieure. Lorsqu'une femme a un ami, un parent ou son fiancé éloigné d'elle pour une cause quelconque, si elle va se coucher au milieu du jour dans une de ces enceintes de pierres, elle est certaine d'y obtenir des visions, d'y recevoir des esprits, des nouvelles de l'absent. Les Touaregs prétendent aussi que ces tombes renferment des trésors »[2]. Mais, quoi qu'en dise Procope[3], le don de prophétie était également accordé aux hommes chez les Berbères. Pour n'en citer que deux exemples, chez les Kotama, le devin Feïlaq prédit, à l'occasion de leurs guerres civiles, qu'ils verraient la vraie guerre quand viendrait chez eux l'Oriental, à la mule blanchâtre. Cette prédiction fut rappelée par un maître d'école à l'arrivée du *dâ'i* 'Abd Allah, le missionnaire fatimite monté sur une mule blanche (Ibn 'Adzari, I, 120). De même les devins avaient annoncé que, dans une nation du Maghrib, lorsqu'aurait lieu la conjonction des deux planètes supérieures, un roi s'élèverait qui changerait la forme de la monnaie. Malik ben Ouahib persuada à l'émir lemtouna 'Ali ben Yousof que c'était le Mahdi Ibn Toumert que désignaient cette prédiction et les vers populaires :

Mets-lui les entraves aux pieds,
Sinon, il te fera entendre le tambour.
(Ibn Khaldoun, VI, 238.)

Il faut encore signaler la croyance aux ogres qui jouent

1) E. von Barry, *Ghât et les Touaregs de l'Air*, Paris, 1898, in-8, p. 187-188.

2) Foureau, *D'Alger au Congo*, Paris, 1902, in-8, p. 65-66.

3) Cf. Doutté, *Magie et religion dans l'Afrique du Nord*, p. 31-33.

un rôle important dans les contes populaires des Berbères, mais il faut prendre soin d'écarter ce qui est dû à l'emprunt, étant donnée la facilité avec laquelle les contes voyagent. Cependant, on peut trouver les traces de l'originalité de quelques-unes de ces traditions. Chez les Fadhilah et les Benou 'Aqidân, tribus berbères à l'ouest de l'Égypte, on racontait que fréquemment la fille nouvellement née changeait de forme, prenait celle d'un ogre (*ghoul*) ou d'une *si'lah* et se jetait sur les gens jusqu'à ce qu'on la liât et la garrottât (El Bekri, p. 4). L'auteur arabe cite même un témoin oculaire de ce fait! C'est la donnée d'un conte moderne recueilli à Ouargla : *Histoire d'un père et de sa fille l'ogresse*[1], et le fond d'une accusation portée contre les Oulâd Settout (*les fils de la mégère*), tribu du Rif, réputée pour son penchant au brigandage. « A l'origine, on voyait Settout leur mère parcourir avec ses trois enfants un territoire encore désert, dévorant les gens et nourrissant ses petits de chair humaine. On ne savait d'où elle venait ; on ne lui connaissait aucun mâle, ogre ou homme, ce qui fit dire plus tard que les Ouled Settout n'avaient pas de père. Après avoir désolé la contrée pendant de longues années, elle disparut subitement ; on ne la revit plus. Mais ses petits restèrent dans le désert de Garet : ils furent la souche des Ouled Settout actuels[2]. » Les noms par lesquels les ogres sont désignés sont, pour la plupart, d'origine berbère. Si l'on en rencontre qui sont venus de l'arabe, comme *ghoul* ou *zellouma*, ailleurs, dans le Rif marocain, dans les K'çour, à Ouargla, on trouve *amza*, chez les Beni Menacer *amez*, au féminin *thamzat* ou *tàmzat*, qui dérive de la racine M Z, saisir, prendre ; chez les Zouaouas *aouaghzeniou*. L'ogresse porte aussi le nom de *taghouzant* en chelh'a du Tazeroualt, de *tserial* en zouaoua. Mais, dans les contes, il s'est fait un mélange confus de traditions relatives aux anciens habitants

1) Biarnay, *Étude sur le dialecte berbère de Ouargla*, p. 255-257.
2) Mouliéras, *Le Maroc inconnu*, t. I, Oran, 1895, in-8, p. 183.

du pays, païens ou chrétiens, désignés aussi sous le nom de *Djohala* (en arabe, ignorants) et de celles qui ont les ogres pour objet, en sorte que les uns sont souvent pris pour les autres.

Quelles étaient les cérémonies dont se composait le culte des dieux ? Nous sommes réduits à des conjectures, au moins en ce qui concerne les dieux purement berbères. Partout, en effet, où il y eut rapprochement et assimilation, les cérémonies furent celles des Phéniciens et des Romains et probablement, sur quelques points, celles des Grecs. Préservés par leur isolement, les Guanches avaient pu se constituer un culte particulier. La façon dont ils pratiquaient la conservation des momies, par exemple, confiée à une caste spéciale, prouve chez eux, à côté de traits communs, un développement original, encore qu'ils ne fussent pas arrivés à l'idée de l'immortalité de l'âme ou à celle des récompenses et des peines futures[1]. Viana cite une caste de religieuses appelées *Harimaguadas* (var. *Harimaguas*, *Maguas*) qui vivaient en commun, faisaient vœu temporaire de virginité, instruisaient les enfants et, comme on l'a vu plus haut, assistaient à certaines cérémonies pour obtenir la pluie ; il était, en ce cas, interdit aux hommes de les regarder[2]. La maison où elles habitaient se nommait *Tamogantin acoran*, maison de Dieu (en berbère *tigimmi tin amoqran* ?). En fait de cérémonies, nous pouvons mentionner la consultation par le sommeil[3] ; il en a été cité plus haut des exemples auxquels on peut ajouter celui-ci : Dans l'antiquité, les Augiles (de l'oasis d'Aoudjila) se couchaient sur les tombeaux et prenaient pour réponses les songes qu'ils avaient pendant leur sommeil

1) Alonso de Espinosa, *The Guanches of Tenerife*, t. I, ch. IX, *The Mode of Interment*, p. 40-41 ; Glas, *The history of Canary Islands*, p. 74 ; Verneau, *Cinq ans de séjour aux îles Canaries*, p. 79-84.

2) *Antigüedades de las Islas Afortunadas*, p. 22-23 : Gomez Escudero ap. Chil y Naranjo, *Estudios*, t. I, 520, 521, 522, 526 ; Glas, *The history of Canary Islands*, p. 69-70 ; Verneau, *Cinq ans de séjour aux îles Canaries*, p. 86.

3) Cf. Doutté, *Magie et religion dans l'Afrique du Nord*, p. 410-416, et les auteurs cités.

(Pomponius Méla, *De situ orbis*, l. I, ch. 8) ; c'était également la coutume des Nasamons (Hérodote, *Histoires*, l. IV, ch. 172). El Bekri signale toutefois un cas où ce genre de divination n'était pas en rapport avec les tombeaux ou les morts. C'était dans le Rif, sur les bords de l'Oued Laou.

Il faut parler aussi des fêtes qu'on a justement appelées *saisonnières* et qui ont continué de marquer chez la plupart des Berbères, les principaux changements de l'année. On y a vu, non sans raison, les traces d'un culte naturiste, auxquelles on peut associer des restes de rites agraires. Elles semblent d'autant plus anciennes qu'elles sont pratiquées sans l'intervention de ministres spéciaux, qu'elles ne sont point célébrées dans les mosquées, mais près des tombeaux des marabouts populaires, qu'elles s'adressent à des formes invisibles et non à des personnalités sacrées. Les principales sont celle d'Ennaïr, décisive pour toute l'année ; celle de l'*'ansera* qui peut être appelée la fête de l'eau, la fête de l'*'achoura* etc. Mais il est à remarquer que les traits qui caractérisent ces fêtes, renaissance ou mort de la végétation, purification par le feu et l'eau, n'ont rien de particulier aux Berbères et qu'on les trouve chez les populations les plus diverses. Il suffira donc de les mentionner[1].

On ne saurait affirmer que les traditions suivantes, bien qu'ayant cours en Afrique, soient d'origine berbère. Pline l'Ancien nous rapporte que dans ce pays « personne n'entreprend quoi que ce soit sans avoir prononcé auparavant le mot *Afrique*, tandis que dans d'autres pays, on commence par demander aux Dieux leur bonne volonté (*Histoire naturelle*, LXXVIII, ch. v, § 2, reproduit par Aulu Gelle, *Nuits attiques*, LXXVIII, ch. v, § 2). Isidore et Nymphodore, cités par le même auteur (*Histoire naturelle*, VII, 2, et repro-

1) Cf. tout particulièrement sur ces fêtes, Doutté, *Magie et religion dans l'Afrique du Nord*, p. 541-584, et parmi les sources citées, Destaing, *L'Ennaïr chez les Beni Snous*, Alger, 1905, in-8; id., *Les fêtes saisonnières chez les Beni Snous*, Alger, 1907, in-8; Saïd Boulifa, *Textes berbères en dialecte de l'Atlas marocain*, Paris, 1909, in-8, p. 146-167.

duits également par Aulu Gelle, *Nuits attiques*, l. IX, ch. 4) rapportent qu'il existait en Afrique des familles de fascinateurs « qui, par la vertu de paroles enchantées, font périr les troupeaux, sécher les arbres et mourir les enfants »[1]. Mais il s'agit bien des Berbères dans les exemples suivants : A Tamerna, dans le désert, entre Sabâb et les montagnes de Targhîn, localité habitée par les Beni Geldîn et les Fazânah, lorsqu'un vol a été commis, les habitants tracent un écrit qu'ils se communiquent les uns aux autres : le voleur est sur le champ saisi d'un tremblement qui ne cesse que quand il a avoué sa faute et restitué ce qu'il a pris ; il ne recouvre de calme que quand on a effacé cet écrit (El Bekri, *Description de l'Afrique,* p. 10). Dans une des montagnes des Medjeksa du Rif, vivait un magicien appelé Ibn Kosyah : ce nom qui signifie *le fils* (l'homme) *du petit manteau* était évidemment un sobriquet emprunté à sa manière de procéder. Personne n'osait le contredire ni désobéir à ses volontés : sinon, il retournait *le manteau* dont il s'enveloppait et alors une maladie frappait sur le champ cet homme ou ses bestiaux ; si nombreux que fussent les opposants, il leur arrivait à tous comme à lui. Il leur faisait même accroire qu'un éclair brillait sous ses vêtements. Ses fils et ses descendants avaient hérité du même pouvoir (El Bekri, *Description de l'Afrique*, p. 201). Également dans le Rif, chez les Ghomara, tribu des Beni Chaddâd, branche des Ou Halaourât, vivait un homme qui portait toujours un sac rempli de têtes de bêtes, de dents d'animaux de terre et de mer, enfilées dans une corde ; il s'en servait comme d'un chapelet ; il le passait au cou de celui qui le consultait, puis le secouait et l'arrachait avec violence ; il se mettait ensuite à flairer chaque pièce une à une jusqu'à ce que sa main s'arrêtât sur l'une d'elles. Alors, il répondait à la question qu'on lui avait adressée quelle qu'elle fût, et annonçait, sans se tromper, la maladie, la mort, le gain, la perte, la prospérité, le chagrin, etc. (El Bekri, *Description*

1) Sur le mauvais œil dans les croyances plus récentes, cf. Doutté, *Magie et religion dans l'Afrique du Nord*, p. 317-318, et les auteurs cités.

de l'Afrique, p. 101). C'était encore un Ghomara que ce Mousa, fils de Ṣaliḥ, qui aurait existé avant l'hégire et de qui l'on avait encore au XIVe siècle « des sentences fatidiques, rédigées dans la langue du pays et renfermant en grand nombre des prédictions relatives à l'empire que les Zenatas devaient exercer dans le Maghrib ». On citait, comme preuve de l'exactitude de ses prophéties, l'accomplissement de celle qui annonçait la dévastation de Tlemcen : les maisons de cette ville devaient devenir un champ labouré par un nègre, au moyen d'un taureau noir et borgne. L'événement aurait eu lieu après la destruction de Tlemcen, entre 760 et 770 de l'hégire, par les Mérinides. Mais si quelques-uns le considéraient comme un propbète, d'autres le tenaient pour un magicien ; en tout cas, tous lui accordaient un pouvoir surnaturel (Ibn Khaldoun, *Kitâb el'Iber*, VI, 106, 276 ; VII, 51). On trouverait encore, chez les écrivains arabes, mention de personnages qui pratiquaient la magie, tels que Moḥammed El Kotami, ou 'Omar et son fils 'Abd Allah, chef des Seksioua, mais cette expression doit s'entendre de la magie telle qu'elle est comprise par les Musulmans, science d'importation et non d'origine indigène. La réputation des femmes berbères comme sorcières était déjà établie dans l'antiquité comme le montre l'anachronisme de Virgile qui fait consulter par Didon une prêtresse massylienne pour retenir Enée par ses artifices magiques (*Enéide*, IV, 483-198, 504-521). De nos jours encore, les femmes du Jurjura pratiquent des incantations, pour lesquelles elles utilisent certaines plantes ; nous en avons un témoignage dans une chanson populaire qui commence ainsi :

Salut sur toi, aubépine (*id'mim*) :
Les hommes t'ont nommée aubépine
Moi, je t'appelle le qaïd qui commande ;
Transforme mon mari en âne [1]
A qui je ferai porter de la paille.

1) Les contes populaires berbères renferment de nombreux exemples de métamorphoses, mais ce sont des emprunts.

Les autres plantes nommées sont les racines du palmier nain (*thagounsa*), le jujubier sauvage (*thazouggarth*), le fruit des conifères, pin, cèdre ou sapin (*azinba*), le chêne vert (*kerrouch*)[1].

II

On a remarqué que la majeure partie des Juifs du nord de l'Afrique, exception faite de ceux qui à des époques bien connues, furent chassés d'Europe par des persécutions, n'appartiennent pas à la race israélite, et on les considère avec raison comme les descendants de Berbères convertis au judaïsme à l'époque romaine. Au temps d'Auguste, nous voyons des colonies juives prospérer en Cyrénaïque et en Libye et la sauvage insurrection qui éclata simultanément, sous Trajan, à Chypre, en Babylonie, en Égypte et en Cyrénaïque et qui fut durement réprimée, n'empêcha pas le développement des communautés juives, comme on le voit par l'inscription d'une synagogue découverte à Hammam El Enf (*C. I. L.*, 12457). Leur importance devint telle que l'Église catholique prit, pour empêcher les relations entre chrétiens et juifs, des précautions qui, sous les empereurs chrétiens, devinrent bientôt des mesures de rigueur, suspendues seulement par le triomphe des Vandales et reprises avec la victoire de Bélisaire et des Byzantins. Le prosélytisme s'exerça naturellement dans les classes inférieures de la population et même chez diverses tribus berbères. Mais de quelle nature était ce prosélytisme chez ces derniers? Jusqu'où étaient poussées les pratiques du culte et l'observation des prescriptions de la loi judaïque? C'est ce que nous ignorons et l'on ne saurait ajouter foi à un roman de basse époque qui n'a pas plus d'autorité que le *Fath' Ifriqya* par exemple. Les écrivains arabes nous ont cité quelques tribus

1) Hanoteau, *Poésies populaires de la Kabylie du Jurjura*, Paris, 1867, in-8, p. 308-312.

qui, à l'arrivée des Musulmans, étaient juives. Mais leurs renseignements sont contradictoires. Ainsi, dans un passage, Ibn Khaldoun mentionne parmi les tribus juives, les Djeraoua qui habitaient l'Aourâs, les Nefousa, les Fendelaoua, les MedPouna, les Bahloula, les Ghiatha et les Fazaz dans le Maghreb el Aqsa (*Kitâb el 'Iber*, VI, 107). Mais on a vu que la Kâhinah, nom étranger chez les Arabes, avait, suivant la tradition, des génies familiers. El Bekri (*Description de l'Afrique*, p. 9-10) et Ibn 'Adzâri (*Histoire de l'Afrique et de l'Espagne*, t. I, 3), tous deux antérieurs à Ibn Khaldoun, nomment comme chrétiens les Nefousa, et les vestiges d'églises qui ont conservé leur nom dans le Djebel Nefousa leur donnent raison. En outre Ibn Khaldoun lui-même, dit ailleurs (*Kitâb el 'Iber*, t. IV, p. 12) que les tribus des Fendelaoua, les Bahloula, les Mediouna et les populations du territoire des Fazaz professaient soit le magisme (le paganisme), soit le judaïsme, soit le christianisme. L'emplacement où s'éleva la ville de Fas était habité par deux tribus zénata : les Zouagha (Benou 'l Khaïr) et les Benou Yarghoch; les uns pratiquaient l'islamisme, d'autres le judaïsme, d'autres le paganisme. Ces derniers avaient même un temple à Chibouba, où se construisit plus tard le quartier des Andalous. Ibn Abi Zer' qui nous a conservé ce détail (*Roudh el Qirtâs*, I, 15) désigne les païens par le nom de *Madjous* (mages); il appelle naturellement leur temple une demeure du feu. Ce passage a été reproduit par Ibn Khaldoun (*Kitâb el 'Iber*, t. IV, p. 13). De même, le pays de Temsna (la Chaouïa actuelle) et les villes de Chella et de Tadla étaient peuplés en partie de juifs et de chrétiens qui durent accepter l'islâm lors de la conquête de cette région sous Idris I. Il est donc aventuré de vouloir spécifier que telle ou telle tribu était exclusivement juive ou chrétienne : il me paraît plus conforme à la vérité de dire que chaque tribu renfermait des familles, peut-être des fractions, juives en nombre assez considérable pour avoir pu rester indépendantes, dans le Maghrib du moins, jusqu'à la fin du IIe siècle de l'hégire, longtemps après les conquêtes de 'Oqbah et de Mousa. Mais le judaïsme professé actuellement par les descendants des Berbères convertis n'offre rien qui le distingue du judaïsme pratiqué dans les autres régions du monde civilisé et quant aux superstitions locales, elles leur sont communes avec les Musulmans[1].

III

Nous ignorons de quelle façon le christianisme fut apporté chez les Berbères, mais il est probable que le point de départ doit se chercher dans les grandes villes et que les premiers foyers durent être, comme à Rome, les communautés juives. La séparation ne tarda pas à se faire et l'église d'Afrique devint bientôt prospère. Mais son histoire appartient surtout à celle du christianisme, et l'on ne peut démêler ce qui, dans ses développements et ses vicissitudes, tient particulièrement aux Berbères. On peut admettre cependant que ce fut chez ces derniers, du moins dans les territoires directement soumis à Rome, que se recrutèrent les donatistes, plutôt schismatiques qu'hérétiques, et les Circoncellions dont le mouvement, malgré sa teinte religieuse, fut, comme celui des Bagaudes, plutôt social que national. La liste des évêchés d'Afrique (Proconsulaire, Byzacène, Numidie, Mauritanies : Sitifienne, Césarienne et Tingitane, Tripolitaine) contient une foule de noms dont la grande majorité est berbère, encore qu'il soit difficile de les identifier tous : ces noms étaient souvent ceux de simples bourgades, car l'étendue de l'évêché était excessivement restreinte. Les monuments épigraphiques ont permis d'en reconnaître quelques-uns et il semble bien que la masse de la population, défalcation

1) Cf. Cahen, *Les Juifs dans l'Afrique septentrionale*, *Notices et mémoires de la Société archéologique de Constantine*, t. XI, 1867, p. 102-108; Monceaux, *Les colonies juives dans l'Afrique romaine*, *Revue des études juives*, t. XLIV; R. Basset, *Nédromah et les Traras*, p. VII-XVII.

faites des colons romains et de quelques étrangers, se composait de Berbères, ou du moins de métis chez lesquels dominait le sang berbère. Quant aux tribus à demi soumises ou indépendantes chez qui le christianisme se répandit, nous pouvons supposer que le prosélytisme, comme sur bien des points du monde barbare, eut lieu par le moyen des captifs que leur procuraient leurs incursions. La domination des Vandales ariens ne changea rien à cet état de choses, sinon que, de persécuteur, le catholicisme devint, sauf en de rares périodes, persécuté à son tour et ne triompha que grâce aux succès des Byzantins[1]. Il faut signaler cependant, comme intéressant l'histoire du christianisme chez les Berbères de l'Ouest de l'Algérie, l'existence d'une dynastie chrétienne indigène au commencement du ve siècle, après la chute des Vandales et avant l'invasion arabe. On voit, à quelque distance de Frenda, les tombeaux de ces princes dont nous connaissons deux noms, Mephanias et Massonas, qui paraît avoir été le même que Masema, « *rex gentium Maurorum ac Romanorum*, mentionné dans une inscription latine de Hadjar er Roum (*Lamoricière*, C. I. L., VIII, 9835). C'était une dynastie berbère, chrétienne, comme le montrent les emblèmes et les traces de peinture qu'on a relevés sur les tombeaux connus sous le nom de *Djedâr* et déjà signalés par les historiens arabes. Ces princes disparurent probablement avec le christianisme, lors des premières conquêtes des musulmans[2].

Mais, sur d'autres points, le christianisme se maintint encore longtemps. En Tripolitaine, chez les Nefousa dont le

1) Ferrière, *La situation religieuse de l'Afrique romaine depuis la fin du* IVe *siècle jusqu'à l'invasion des Vandales*, Paris, 1897, in-8; Diehl, *L'Afrique byzantine*, Paris, 1896, in-8, l. III, 2e partie, ch. II, *L'Église d'Afrique sous le règne de Justinien*, p. 408-449; l. IV, 2e partie, ch. II, *L'Église d'Afrique et l'administration byzantine*, p. 503-517; Monceaux, dans *Revue de l'Hist. des Relig.*, 1909, II, p. 1 et suiv.; 1910, I, p. 20 et suiv.

2) Cf. La Blanchère, *Voyage d'études dans une partie de la Mauritanie césarienne*, p. 78-79; Gsell, *Les monuments antiques de l'Algérie*, t. II, p. 418-427, et la bibliographie citée.

territoire renferme encore un certain nombre d'églises en ruines : dans l'Aourâs, chez les Berânes; dans le Rif, chez les Ghomara et les Sanhadja. Nous avons vu que du temps d'Idris, c'est-à-dire plus d'un siècle après l'apparition de l'Islam dans ce pays, il existait encore dans le Maghrib el Aqsa des tribus ou des fractions de tribus chrétiennes. Là où un traité fut conclu entre les envahisseurs et la population indigène, celle-ci, conformément à la législation musulmane, put conserver sa religion, mais l'isolement et des divisions intestines précipitèrent la décadence. Au xe siècle, on comptait encore quarante évêques; en 1054, sous Léon IX, il n'en restait plus que cinq et deux d'entre eux se disputaient la prééminence. En 1076, nous voyons par la correspondance de Grégoire VII, qu'ils n'étaient plus que deux : Cyriaque, métropolitain de Carthage, et Servandus, sur le siège d'Hippone. Il y avait encore un évêque à la Qala'ah des Beni Hammâd; il portait le titre arabe de *Khalifah* et il émigra sans doute avec son troupeau à Bougie sous En Nâṣer[1]. Une communauté chrétienne existait à la même époque à Tlemcem, mais nous ne savons si elle était sous l'autorité d'un évêque : En 1068, El Bekri[2] fait mention dans cette ville d'une église fréquentée par les restes d'une population chrétienne qui s'était conservée jusque là. Mais tout fut emporté par le flot des Almohades; il ne resta comme souvenir, à côté de légendes imprécises, que quelques mots, entre autres celui de Tafaski (la Pâques = Πάσχα) qui fut donné au quatrième mois de l'année chez les Taïtoq, au douzième chez les Ahaggar : *Afasko* et *Tifisko* signifient le printemps chez les Aouelimmiden et à Tonbouktou, et ce nom a pénétré jusque chez les Dyolofs du Sénégal où *Tabaski dyä* correspond à décembre.

1) Cf. De Mas Latrie, *Traités de paix et de commerce*, Paris, 1868, in-4, p. 14-17, 18-23.

2) *Description de l'Afrique septentrionale*, p. 76.

IV

Nous n'avons pas de renseignements précis, en dehors des récits parfois romanesques de la conquête, sur la façon dont l'islâm se propagea dans le nord-ouest de l'Afrique, mais il est certain qu'il y rencontra une vive résistance. Les premières expéditions ne furent que des raids de cavalerie, ayant surtout le pillage pour but et dans lesquels les Arabes évitaient les places fortes où se réfugiaient les populations indigènes et les descendants des colons romains. Le littoral lui-même, protégé par les montagnes et les ports dont les Grecs restaient les maîtres fut respecté. La fondation de Qaïrouân par 'Oqbah donna seule un caractère de stabilité et de permanence à la propagation de l'islâm, mais non d'une façon absolue. Les Musulmans furent rejetés plus d'une fois jusqu'en Tripolitaine et, en ce cas, on n'a pas tort de supposer que les conversions qu'ils avaient pu faire ne se maintinrent pas. Les historiens arabes eux-mêmes avouent que les Berbères abjurèrent douze fois l'islâm et l'on peut croire que s'ils avaient trouvé un appui chez une puissance voisine, forte et bien organisée, au lieu de l'empire byzantin ou du royaume des Goths, ils auraient victorieusement repoussé les invasions musulmanes. Mais leurs divisions et leur isolement, surtout après la conquête de l'Espagne par Mousa, finirent par assurer le triomphe de l'islâm, triomphe qui ne fut absolu et définitif qu'au XIIe siècle.

Mais s'ils se convertirent, par la force plus que par la persuasion, au moins, dès les premiers temps, ils ne laissèrent pas de porter dans leur nouvelle religion l'esprit d'indépendance et de parti qu'ils avaient déjà montré dans le christianisme, en adoptant les schismes contre l'orthodoxie. L'histoire des Berbères musulmans est simple à exposer : Au commencement ils sont sonnites, mais bientôt ils accueillent avec enthousiasme les idées les plus égalitaires de l'islâm et se déclarent pour les diverses sectes kharedjites. Par un sentiment analogue, hostilité contre le khalifat lointain de Baghdad, ou plus proche de Cordoue, ils prennent parti pour les Alides, l'autre pôle de l'Islâm, et c'est chez eux qu'Idris ben 'Abdallah et plus tard 'Obeïd Allah recrutent des partisans, pour fonder, l'un au Maroc actuel une dynastie hostile aux Omayades d'Espagne et aux 'Abbasides de Baghdad, l'autre à Mahadiah, une dynastie qui chassa les derniers représentants des 'Abbasides en Ifriqyah, faillit succomber sous un retour offensif des Kharedjites, mais victorieuse au dernier moment, redevint la maîtresse de l'Afrique du Nord et conquit l'Égypte. C'est alors qu'une réaction sonnite intervint, appuyée par les Berbères du Sahara méridional, les Lemtouna, récemment convertis, dont la fortune fut aussi brillante qu'éphémère. D'autres Berbères, les Masmouda de l'Atlas, dont les chefs réagissaient contre l'anthropomorphisme grossier des Almoravides (Lemtouna), fondèrent un khalifat, rival de celui de Baghdâd (celui de Cordoue n'existait plus et celui du Caire allait disparaître), mais, restés dans l'orthodoxie, ils anéantirent les derniers débris du christianisme et ce qui pouvait subsister du chiisme alide en même temps qu'ils portaient au kharedjisme déjà affaibli par sa lutte contre les Fatimides, un coup dont il ne se releva pas, du moins en tant qu'état indépendant.

Dès lors, le nord de l'Afrique, c'est-à-dire les Berbères et les Berbères arabisés, resta sonnite, sauf quelques communautés industrieuses et opiniâtres qui se maintinrent au Mzâb, au Djebel Nefousa et à Djerba. Remplir le cadre que je viens de tracer serait faire l'histoire du Nord de l'Afrique et dépasserait les limites de cet article. Je passerai donc sur l'orthodoxie chez les Berbères, n'insistant que sur ce que leur islamisme eut de spécial, c'est-à-dire les doctrines kharedjites, que du reste ils ne furent pas seuls à professer, et sur les tentatives de créer une religion qui devait être à l'islâm ce que celui-ci était au christianisme et au judaïsme. A part cet essai, on doit reconnaître que les révoltes des Berbères, sous le drapeau d'une secte religieuse, furent surtout sociales et n'eurent pas pour cause une divergence d'opinion ou d'interprétation sur ce qui était un dogme. En réalité, les Berbères ont eu des théologiens disputeurs mais non de grands esprits orthodoxes ou hétérodoxes. Souvent, ils s'attachèrent à ce que le texte du Qorân avait de plus étroit : même les Lemtouna en prirent à la lettre toutes les expressions figurées et devinrent anthropomorphites. C'est ainsi que, des quatre sectes orthodoxes, les Berbères adoptèrent la plus étroite, la moins libérale, la plus esclave de la lettre (après les Hanbalites), celle de Mâlik ben Anas.

Traqués en Orient, depuis la défaite de Nahraouân et les victoires de Hadjdjâdj qui avaient sauvé le khalifat de Damas et arraché l''Iraq aux Kharedjites, ceux-ci, divisés en deux sectes, les Sofrites et les Abadhites émigrèrent en Occident et n'eurent pas de peine à propager leurs doctrines chez les Berbères, victimes de l'avidité des gouverneurs musulmans. Dans l'intérêt du trésor public, et aussi du leur propre, ceux-ci ne dispensaient pas de l'impôt du cinquième (impôt payé par les non-musulmans) ceux qui se convertissaient à l'islâm. Les Sofrites, qui tiraient leur nom de 'Abd Allah ben Sofar, des Benou Tamim, étaient les plus avancés dans la doctrine du kharedjisme, refusant le titre de Musulman à quiconque était coupable d'un péché, même véniel, et dès lors rendant licites sa mort et le pillage de ses biens. Cette doctrine s'était surtout développée dans le nord du Maroc actuel, et particulièrement chez les Matghara et les Miknâsa. Ayant à leur tête un ancien porteur d'eau de Tanger, Maïsara, qui prit le titre de Khalife, plus de deux cent mille Berbères, la tête rase, portant devant eux le Qorân attaché à la pointe des lances, battirent les armées du Khalife et s'emparèrent de Tanger et du Sous (122 hég. 739-40). Après une bataille douteuse, ils tuèrent leur chef Maïsara, le remplacèrent par Khâled ben Hamid ez Zenâti. L'année suivante, il détruisit deux nouvelles armées arabes, ce qui amena un soulèvement général dans le Maghrib central. Les deux victoires d'El Qarn et d'El Asnam rejetèrent, sans les détruire, les Berbères sofrites dans l'Ouest et leur chef, Abou Qorrah, fonda un état dans la région de la Molouyya. Les Idrisites détruisirent ce centre du kharedjisme intransigeant sur lequel nous n'avons que de rares renseignements fournis par les écrivains orthodoxes. Il n'en subsista qu'un petit état fondé à Sidjilmasa dans le Tafilelt : il disparut dans la grande tourmente fatimite[1].

Un autre groupement s'était formé dans le Djebel Nefousa, au S. E. de Tripoli et ne tarda pas à rayonner jusque dans les oasis de Ouargla et de l'Oued Righ. Il nous est mieux connu car il nous a laissé des écrits historiques et religieux. Ces Kharedjites étaient des 'Abadhites, remontant à 'Abd Allah ben 'Abâdh qui vivait au premier siècle de l'hégire. Cette secte se montra relativement plus tolérante que les sofrites et son fondateur aurait même été en relation avec le khalife omayade 'Abd el Mélik. Ses doctrines furent portées dans le Maghrib par Salma ben Sa'd et plus tard par 'Omar ben Imkaten, Isma'il ben Darrar, 'Asim es Sedrati. Le plus illustre de ses chefs, Abou'l Khaṭṭâb, prit le titre d'imâm et constitua un état que la défaite et la mort de son fondateur en 155 hég. réduisit à l'état de province, mais qui n'en est pas moins resté jusqu'à nos jours un des principaux centres abadhites[2]. Un de ses lieutenants, d'origine persane, 'Abd er Raḥmân ben Rostem alla fonder à Tahert (la Tagdemt actuelle) un royaume religieux qui comprit, un moment, tout le sud du département actuel d'Alger, une partie de celui d'Oran, les oasis de celui de Constantine, la Tunisie méridionale et une

1) Cf. le résumé de ces événements ap. Dozy, *Histoire des Musulmans d'Espagne*, Leiden, 1861, 4 v. in-8, t. I, pp. 141-156, 192-207, 238-250. Fournel, *Les Berbers*, t. I, Paris, 1875, in-4, p. 285-301 et les sources citées, et surtout pour l'Orient, Welhausen, *Das arabische Reich und sein Sturz*, Berlin, 1902, in-8, p. 47-125.

2) Cf. sur les Abadhites du Djebel Nefousa, Ech Chemakhi, *Kitâb es Siar*, Le Qaire, s. d., in-8; De Motylinski, *Les Livres de la secte abadhite*, Alger, 1885, p. 6-20, 28-33, 37-61 ; id., *Le Djebel Nefousa*, Paris, 1898-99, in-8 ; R. Basset, *Les Sanctuaires du Djebel Nefousa*, Paris, 1899, in-8.

partie du vilayet de Tripoli. Mais ce royaume fut bientôt livré aux divisions habituelles chez les Berbères; des schismes se produisirent : celui des Nokkarites, causé par des questions de personnes et qui finit par ressusciter les doctrines intransigeantes des sofrites; et celui des Ouasilites, à tendance mo'tazélite (libéral) : ces dissensions favorisèrent l'œuvre de destruction accomplie par les Fatimites[1].

Si d'une part, les Berbères avaient adopté en l'exagérant le caractère égalitaire de l'Islam, si chez eux, les Sofrites et les Nokkarites avaient été les successeurs des Circoncellions, d'une autre part, une partie d'entre eux adopta une doctrine absolument opposée qui, loin de faire de l'imâm le chef librement élu par la communauté, et, au besoin, déposé par elle, vit en lui non seulement le descendant du Prophète, mais l'incarnation de tous les Prophètes et même de la Divinité. La doctrine alide pénétra dans le Maghrib ; deux fois, elle fut adoptée comme une protestation contre le khalifat orthodoxe. La première fois, ce fut un descendant de 'Ali, Idris ben 'Abd Allah, échappé au désastre de sa famille, qui fonda la dynastie des Idrisites dont Fas fut ensuite la capitale. Mais il ne semble pas que les doctrines chiites que professèrent à ce moment les Berbères, fussent autre chose que de l'attachement à cette dynastie; elle contribua même à l'affermissement de l'islâm en convertissant les quelques chrétiens qui pouvaient encore subsister et en détruisant les Nokkarites restés dans la région de Tlemcen. Elle ne marque guère dans l'histoire religieuse du pays; on doit seulement observer qu'elle eut pour ferme appui une tribu berbère, celle des Aouraba[2].

1) Cf. sur les Rostemides, A. de Motylinski, *Les livres de la secte abadhite*, p. 20-28; 33-36; Masqueray, *La chronique d'Abou Zakarya*, Alger, 1878, in-8; El Berrâdi, *Kitâb el Djaoudher*, Le Qaire, 1302, in-8; De Motylinski, *Chronique d'Ibn Saghir*, Paris, 1907, in-8.

2) Cf. sur les Edrisites, Fournel, *Les Berbères*, t. I, 393-401, 418-419, 447-450, 455-466, 473-477, 496-506 et les sources citées auxquelles on peut joindre Idris ben Aḥmed, *Eddorar el bahyah*, Fas, 1324 hég., 2 v. in-4.

Au contraire, la doctrine ismaélienne modifiait singulièrement l'islâm en faisant revivre, sous le masque du chiisme les anciennes doctrines de la Perse, mélangées de manichéisme et de philosophie grecque. Il est inutile de dire que la masse des Berbères qui s'y rallia resta toujours dans les degrés inférieurs de l'initiation. Ce fut chez ceux du Maghrib central, dans la Grande et la Petite Kabylie actuelles, que le prédicateur fatimite (*dâ'i*) Abdallah, trouva ses principaux adhérents et recruta l'armée qui devait détruire les restes du gouvernement abbaside dans l'Ifriqyah, le royaume kharedjite-sofrite de Sidjilmasa, le royaume kharedjite-abadhite de Tahert et le fantôme d'état qui avait remplacé la dynastie idrisite à Fas. La chute de Tahert amena la dispersion des Kharedjites qui y étaient établis : les uns furent déportés à Djerba où existe encore une de leurs communautés; les autres se réfugièrent à Ouargla et à Sedrata et dans la région de l'Oued Righ. Leur existence y fut tranquille et leur prospérité s'y développa jusqu'au moment où les ravages d'Ibn Ghanya et surtout les expéditions des Almohades qui firent passer sur l'Afrique du Nord le niveau de l'orthodoxie musulmane, vinrent les chasser de cet asile. Résolus à conserver leur foi, ils allèrent s'établir dans un pâté montagneux, appelé en arabe *chebka* (filet) où erraient quelques nomades ouasiliens, les Beni Mzâb dont ils prirent le nom. Réfugiés dans cette solitude, dont ils firent de riches oasis, les émigrants, comme les Mormons sur les bords du Grand Lac Salé, se développèrent à l'abri des guerres du dehors et fondèrent une communauté, sorte d'état ecclésiastique, qu'enrichirent le commerce et l'agriculture, mais que déchirèrent, comme toujours chez les Berbères, les dissensions, non seulement de ville à ville (il y en avait sept) mais de quartier à quartier. L'autorité française put seule, en 1882, rétablir la paix.

Un autre groupe de Nokkarites était resté indépendant dans l'Aourâs. Soulevé par un ancien maître d'école, né au Soudan, et qui prêcha les doctrines kharedjites dans leur plus extrême rigueur, Abou Yazid, surnommé l'*Homme à l'âne*, il mit en péril, sous le second prince fatimite, l'existence de cette dynastie qui fut un moment réduite aux murs de sa capitale, Mahdya. Mais un suprême effort la sauva, les Berbères furent refoulés d'abord, écrasés ensuite et l'empire des Ismaéliens reprit toute sa puissance, accrue plus tard par la conquête de l'Égypte[1]. Ce fut, semble-t-il, à cette époque que disparut le kharedjisme dans le Maghrib central (exception faite d'Ouargla, du Dj. Nefousa et du Mzâb). Quant aux dynasties qui se succédèrent, appuyées toutes par les tribus berbères d'où elles étaient sorties, les Almoravides par les Lemtouna, les Almohades par les Masmouda et les Koumia, puis les B. Merin, les B. Zyân et les B. Ouémannou qui dominèrent simultanément, leur histoire religieuse n'offre rien de spécial; il en fut de même des dynasties qui s'établirent dans le Maghrib central et l'Ifriqyah avant et après la grande invsion hilalienne (XIe siècle de notre ère).

De nos jours, l'islamisme orthodoxe règne seul, mélangé bien entendu de superstitions locales dans toute l'Afrique du Nord, à l'exception, comme il a été dit, du Mzâb, de Djerba et du Djebel Nefousa où domine le kharedjisme modéré des Abadhites. C'est surtout le Mzâb, centre d'études théologiques, qui maintient la tradition; les *i'azzaben* (docteurs) y ont gardé une influence qui s'exerce encore sur les consciences, malgré le contact des Européens, mais le kharedjisme a perdu sa force d'expansion et ne fait plus de prosélytes chez les Musulmans[2]. Quant à la doctrine actuellement en usage, on peut s'en rendre compte par le résumé qui en est donné dans une *'Aqidah* rédigée en berbère, puis traduite

1) Sur les Fatimites, leur domination dans le Maghrib et l'insurrection d'Abou Yazid, cf. Fournel, *Les Berbères*, t. II, Paris, 1881, in-8; Masqueray, *Chronique d'Abou Zakarya*, p. 205-251; De Goeje, *Mémoires d'histoire et de géographie orientales*, t. I, Leide, 1886, in-8.

2) Cf. sur le Mzâb, Coyne, *Le Mzab*, Alger, 1879, in-8; Robin, *Le Mzab et son annexion*, Alger, 1884, in-8; De Motylinski, *Guerara depuis sa fondation*, Alger, 1885, in-8; Masqueray, *Fondation des cités chez les populations sédentaires de l'Algérie*, Paris, 1886, in-8, p. 173-221; Amat, *Le Mzab et les Mzabites*, Paris, 1888, in-8; Morand, *Les Kanouns du Mzab*, Alger, 1903, in-8.

par un Nefousi, Abou H'afs 'Omar ben Djamia qui vivait probablement au IXe siècle de l'hégire. Elle a été plusieurs fois commentée[1] et a servi de base au *Kitâb ma'alim* du cheïkh 'Abd el Aziz de Beni Sgen, auteur d'un traité non moins célèbre, le *Kitâb en Nil*. C'est celle qui est suivie actuellement au Mzâb et à Djerba, tandis qu'au Djebel Nefousa, c'est celle du cheïkh Abou Ṭâher Ismâil el Djeiṭâli, mort à Djerba en 750 hég. (1349-1350). Au point de vue dogmatique, en ce qui concerne les principes fondamentaux de l'islâm, cette doctrine ne diffère en rien de l'orthodoxie. La seule différence consiste en des points de discipline : la *oualâia*, obligation à l'égard des Musulmans du même groupe, et son contraire la *beraa* (au Mzab *tebria*), pénitence, excommunication, et aussi la mention, dans les voies de la religion, à côté de la *voie manifeste*, celle des premiers Khalifes, de la *voie de défense*, de la *voie de sacrifice* et de la *voie de secret* qui, appuyées sur des exemples orthodoxes, justifient la conduite des Kharedjites depuis leur apparition.

Il me reste à parler de deux tentatives de création d'une religion qui aurait été le complément de l'islâm comme celui-ci prétend l'être du judaïsme et du christianisme. La première eut lieu chez les Ghomara du Rif, dans les environs de Tétouan, sur le territoire des Medjeksa, chez les B. Oudjefoul. L'on n'est pas d'accord sur la date exacte de l'apparition de cette nouvelle religion : elle flotte entre 313 et 325 de l'hégire, en tout cas, au commencement du IVe siècle h., Xe siècle de notre ère. Un certain Ha-Mim, fils de Mann Allah (*Grâce de Dieu*), fils de Harîz, fils de 'Amr, fils d'Ou-Djefoul, fils d'Ou-Zeroual, apparut dans cette tribu et prêcha une nouvelle religion. Il retrancha trois des prières canoniques, n'en conservant que deux, l'une au lever, l'autre au coucher du

1) Le commentaire et les gloses en arabe de 'Omar eth Tholathi et de Daoud eth Tholathi ont été publiés à Constantine en 1322 de l'hégire par M. de Motylinski à qui on doit aussi une édition du texte avec traduction française : *L'Aqida populaire des Abadhites algériens*, Alger, 1905, in-8. Le *Kitâb en Nil* a été publié au Qaire en 1305.

soleil : en les faisant, ses adeptes devaient se prosterner jusqu'à toucher la terre du plat de leurs deux mains. Il supprima aussi le jeûne du ramadhân, à l'exception des trois derniers jours, ou suivant d'autres, de dix jours, mais il établit chaque semaine un jeûne du mercredi jusqu'à midi et du jeudi toute la journée, ainsi que deux jours en chawâl. Quiconque y manquait devait payer une amende de cinq ou de trois bœufs. Il abolit le pèlerinage, la purification et l'ablution totale, permit l'usage du porc, mais interdit le poisson qui n'avait pas été égorgé (ou vidé), la tête de tout animal et les œufs de toute espèce d'oiseaux. De nos jours encore, une tribu des environs de Tipasa et les Touaregs s'abstiennent d'œufs de poules. Il composa en berbère, à l'usage de ses partisans, un *Qorân* : c'est du moins le nom que lui donnent les écrivains arabes. Quelques fragments nous ont été conservés. L'un d'eux commençait par la formule de l'unité de Dieu ; puis continuait : Délivre-moi de mes péchés, ô toi qui as permis au regard de contempler le monde ; tire-moi de mes péchés, comme tu as tiré Jonas du ventre du poisson et Moïse du fleuve ». En se prosternant, chacun répétait : « Je crois en Tanguit (var. Talyah. Teba'ih), tante de Ha-Mim ». Celle-ci était devineresse comme Dadjdjou, sœur du nouveau prophète. Ha-Mim, surnommé *El Mofteri* (le faussaire) fit de nombreux prosélytes jusqu'à ce qu'il pérît, en 315 suivant les uns, en 325 d'après les autres, dans un combat livré aux Masmouda sur le territoire de Tanger. Sa secte ne disparut pas avec lui. Plus tard, un certain 'Asim ben Djamil se donna encore pour prophète dans cette tribu[1].

Une autre tentative eut plus d'importance. A l'ouest du Maghrib, dans le Temesna (la Chaouia actuelle qui entoure Casablanca, Rabat, Chella) étaient établis les Berghouata.

1) Cf. El Bekri, *Kitâb el Masâlik*, p. 100-101 ; Ibn Abi Zer', *Raoudh el Qirtâs* éd. Tornberg, t. I, p. 62-63 ; Anonyme, *Kitâb el Istibçar*, éd. Kremer, p. 80; Ibn 'Adzari, *Kitâb el Bayân*, t. I, p. 198 ; Ibn Khaldoun, *Kitâb el 'Iber*, t. VI, p. 216 ; En Nouairi, Appendice à l'*Histoire des Berbères*, trad. de Slane, t. II, p. 492-493.

Un de leur chefs, Tarif, qui paraît s'être donné une origine juive (fils de Siméon, fils de Jacob, fils d'Isaac) avait, ainsi que son peuple, embrassé les doctrines kharedjites-sofrites et combattu avec Maisara. Après la défaite des Berbères, il se retira dans la Temesna et y demeura indépendant. Il resta fidèle aux doctrines de l'islam, mais son fils, distingué par son savoir et ses vertus, et qui avait aussi combattu dans les rangs des Ṣofrites, se donna pour Prophète et composa un Qorân berbère. Toutefois, il ne répandit pas sa doctrine ; il la confia à son fils Elyas et partit pour l'Orient, annonçant qu'il reviendrait lorsque le septième roi de sa dynastie serait sur le trône. La nouvelle religion resta cachée jusqu'au règne de Younos qui la proclama et la fit adopter de gré ou de force par les populations. La doctrine de Ṣâliḥ, qui se donnait pour le *Ṣâliḥ el Mouminin* mentionné dans le *Qorân* (sourate LXVI, verset 4) consistait à reconnaître la mission divine de tous les prophètes et celle de Ṣâliḥ lui-même, à jeûner pendant le mois de redjeb à la place de ramadhân, et de plus, un certain jour de la semaine et même les semaines suivantes, à prier cinq fois par jour et cinq fois par nuit, à célébrer la fête des sacrifices le 11 de moḥarram (et non le 12 de d'ou'lḥidjdja). La manière de faire les ablutions était également définie. Il n'y avait ni appel (*ad'an*) ni introduction à la prière (*iqâmah*). Tantôt celle-ci se faisait avec des prosternations, tantôt elle se faisait sans elles : dans le premier cas, les fidèles levaient de terre le front et les mains à la hauteur d'une demi-palme. Comme proclamation de la grandeur de Dieu (*tekbir*), ils prononçaient en plaçant les mains l'une sur l'autre : *A esm en Iakoch* (au nom de Dieu) ; puis *Mokkor Iakoch* (Dieu est grand). C'est à tort que certains orientalistes ont cru reconnaître dans ce mot, ou dans une variante Bakoch, le nom de Bacchus et en ont tiré les conclusions les plus extraordinaires sur l'étendue de son culte et de ses mystères. M. de Motylinski a démontré que ce nom de Iakoch est dérivé de la racine berbère OUKCH qui signifie donner ; c'est une épithète correspondant à l'arabe *El*

Wahhâb, le généreux, une des épithètes de Dieu[1]. La prière publique avait lieu le jeudi de grand matin. Quand ils prononçaient la profession de foi, ils tenaient les deux mains onvertes et appuyées sur le sol ; ils récitaient la moitié (?) de leur Qorân debout et l'autre en se prosternant. A la fin de la prière, ils prononçaient dans leur langue cette formule : « Dieu est au-dessus de nous ; rien de ce qui est sur la terre et au ciel ne lui est caché ». Ils répétaient ensuite en berbère : *Moqqor Iakoch* (Dieu est grand) ; autant de fois *Ihan* (*Ian*) Iakoch (Dieu est un) et *Our d'am Iakoch* (personne comme Dieu). L'aumône légale consistait dans la dîme de tous les grains. Comme dans la religion de Ha-Mim, il était défendu de manger des œufs, la tête d'aucun animal et le poisson s'il n'avait été égorgé. La chair du coq était interdite, cet animal annonçant la prière par son chant ; celle des poules n'était permise qu'en cas d'extrême nécessité. Le menteur était chassé du pays ; le voleur, convaincu par des preuves ou son propre aveu, était mis à mort ; la fornication était punie de lapidation. Le prix du sang était fixé à cent têtes de bétail. Tout homme pouvait épouser autant de femmes que ses moyens le lui permettaient, excepté ses cousines jusqu'au troisième degré, les répudier et les reprendre autant de fois qu'il lui plaisait ; mais il était interdit aux fidèles d'épouser des femmes musulmanes ou de donner leurs filles à des Musulmans. La salive de leur prophète attirait les bénédictions divines et était considérée comme un remède infaillible, croyance qui existe encore chez certains musulmans d'Algérie en ce qui concerne les marabouts. Enfin, ils étaient très savants en astronomie et très versés dans l'astrologie judiciaire. Le Qorân, que Ṣaliḥ composa en berbère, comprenait quatre-vingts sourates, ayant pour la plupart comme titre le nom d'un prophète. La première était appelée *Ayoub* (Job, cf. *Qorân*, XXI, 83) ; la dernière *Younos* (Jonas,

1) *Le nom berbère de Dieu chez les Abadhites*, Alger, 1905, in-8 ; R. Basset, *Le nom berbère de Dieu chez les Abadhites*, Sousse, 1906, in-8.

titre de la sourate X du Qorân). Les noms montrent bien qu'il s'agit d'une imitation du Qorân. Il y avait la sourate de *Fira'oun* (Pharaon, cf. *Qorân*, XLIII, v. 45-55) : celle de *Qâr'oun* (Coré, *Qorân*, XXVIII, v. 74) ; celle de *Haman* (Aman, cf. *Qorân*, XXVIII) ; celle de *Yadjoudj et Madjoudj* (Gog et Magog, *Qorân*, XVIII, v. 93 ; XXI, v. 96) ; celle d'*Ed Dadjal* (l'Antichrist, *Qorân*, XXVII, v. 84) ; celle d'*El 'Idjl* (le veau d'or, cf. *Qorân* II) ; celle de *Harout et Marout* (cf. *Qorân* II, v. 96), celle de *Talout* (Saul, cf. *Qorân*, II, v. 245-250) ; celle de *Nemrod*, celle du *coq*, celle de la *perdrix*, celle de la *sauterelle*, celle du *chameau*, celle du *serpent à huit pattes* et celle des *Merveilles du monde* qui renfermait la science la plus sublime. Un fragment de celle de Job nous a été conservé dans une traduction arabe : « Au nom de Dieu ! « Celui par qui Dieu a envoyé son Livre aux hommes, c'est « le même par qui il leur a manifesté ses nouvelles. Ils disent : « Iblis a connaissance du destin ; à Dieu ne plaise ! Iblis ne « peut avoir la science comme Dieu. Demande quelle est la « chose qui triomphe des langues dans les discours : Dieu « seul le peut par son décret. Par la langue par laquelle Dieu « a envoyé la vérité aux hommes, cette vérité s'est établie. « Regarde Mamet (en berbère : *imouni Mamet*, c'est-à-dire « Moḥammed). Pendant sa vie, ceux qui étaient ses compa- « gnons se conduisirent avec droiture jusqu'à ce qu'il mou- « rût. Alors les gens se corrompirent. Il a menti celui qui dit « la vérité se maintient là où il n'y a pas d'envoyé de Dieu ». Les Berghouaṭa résistèrent longtemps et avec succès aux diverses dynasties qui se succédèrent dans le Maghrib et leur secte ne fut anéantie que par les Almohades[1].

Faut-il considérer comme provenant d'une de ces sectes ou d'une secte analogue les croyances des Zekkara qui habitent au Maroc, non loin de la frontière algérienne entre les

1) Cf. sur les Berghouaṭa, El Bekri, *Kitâb el Masâlik*, p. 134-141 ; Ibn Abi Zer', *Raoudh el Qirtâs*, p. 82-84 ; Ibn Adzari, *Kitâb al Bayân*, p. 231-236 ; Ibn Khaldoun, *Kitâb el 'Iber*, t. VI, p. 287-210.

B. Iznacen, les B. Bou Zeggou et les B. Ya'la ? Des informateurs, dont les assertions ont été nettement démenties, ont non seulement affirmé une hostilité absolue contre les musulmans et leurs dogmes, mais même ont laissé percer une indifférence entière pour toute espèce de croyances. On a été jusqu'à les regarder comme des positivistes, encore qu'ils prétendent se rattacher, pour la doctrine, au célèbre marabout enterré à Miliana, Sidî Aḥmed ben Yousof[1]. Les systèmes les plus aventurés se sont donné carrière ; on y a vu jusqu'à des Druses. Avant de rien hasarder sur cette question, il convient d'attendre qu'une enquête sérieusement conduite soit faite ; l'on trouvera peut-être qu'il s'agit d'une tribu restée, grâce à son isolement, dans l'état où se trouvait la plus grande partie de l'Afrique du Nord, dans l'anarchie du xve et du xvie siècle, lorsque les missionnaires musulmans réussirent à faire revivre l'islâm réduit à l'état de vague souvenir.

1) Mouliéras, *Une tribu zénète anti-musulmane du Maroc*, Paris, 1905, in-8.

Angers. — Imp. A. Burdin et Ce, rue Garnier, 4.

www.ingramcontent.com/pod-product-compliance
Ingram Content Group UK Ltd.
Pitfield, Milton Keynes, MK11 3LW, UK
UKHW012300240726
13966UKWH00004B/1514

9 782012 847149